長州閥の教育戦略

近代日本の進学教育の黎明

永添祥多

九州大学出版会

まえがき

本書を手に取られた方々の中には、まず、その題名に興味を持たれた方も多いのではなかろうか。長州閥とは、明治期、特に明治前期にあって、政府内で一大勢力を有していた、長州藩、即ち山口県出身者を中心とした政治集団のことである。幕末の討幕運動の主力を担ったのが長州藩であったことを考えれば、明治新政府における長州閥の存在は当然の歴史的帰結であったといえよう。だが、初期議会期には、民党勢力と激しく対立したため、薩摩閥とともに藩閥の問題は明治政治史上否定的に語られることが多い。つまり、藩閥の代表格たる長州閥の存在については、政治史的にはマイナスイメージが定着してしまっている。

ところが、実はその長州閥が近代日本の教育に大きく関わっていたのである。

明治初年、未だ国家体制の基礎が固まっていない段階では、多くの人材が必要とされたこともあって、中央政府の要職にある長州閥の構成員が、郷里の後輩を政府に縁故採用するということは普通のことであった。だが、次第に国家体制が確立していき、政府への人材吸収が一段落ついてくると、そのような露骨な行為は許されなくなってくる。このことは、長州閥が存続の危機に直面したことを意味していた。そこで、長州閥が考案した生き残りの方策が、教育を有効に利用することだったのである。政治が教育を利用することの是非は別問題として、長州閥は教育の利用価値を熟知していたといえよう。

明治一九（一八八六）年に「小学校令」、「中学校令」、「帝国大学令」が公布されたことによって、初等、中等、高等教育のアーティキュレーションが成立し、最高学府たる帝国大学、特に法科大学卒業者には官僚への途が約束されることとなった。帝国大学成立以降、そこに学ぶことが政府の要職に就くための必要条件となったのである。ここに長州閥は目をつけ、自らの後継者確保のため、郷里の子弟をどうにかして優先的に帝国大学に進学させることができないかと考えた。そこで、諸学校令によって成立した全国的なアーティキュレーションを利用することはせず、山口県の子弟を最短期間で帝国大学に進学させるための方策として、独自の学校体系を作るという大胆な手段に打って出たのである。長州閥は教育を戦略的に捉え、帝国大学進学という目的に向かって、最大限の教育的及び政治的・経済的努力を惜しまなかった。長州閥が帝国大学への進学体系を作ったということは、自らの存続を賭けた戦略としての意義のみならず、近代日本教育史上も大きな意義を有しているのである。

来年度（二〇〇七年度）には、大学・短大の志願者数と入学者数とが一致する「大学全入時代」が到来するものと予測されている。このため、大幅に入学定員を割り込み、経営困難に直面する大学が続出する一方、むしろ逆に志願者を増やしている大学も存在する。依然として、国公立大学や私立大学の伝統校を目指す進学競争は衰えを見せていない。数字上はたとえ「全入」になろうとも、大学進学という問題が、高等学校教育のみならず、初等・中等教育全体を大きく左右し続けることには変わりないのである。すでに戦前から、高等教育機関への進学準備教育についてはその弊害が問題視されてきており、現在でも、大学入試が日本の教育の「諸悪の根源」とまで断言する識者も少なくない。

しかし、大学入試が日本の学校教育全体の在り方に大きな影響力を持っていることは疑うべくもない現実なのであり、大学進学をめぐる問題を考察することは、教育の在るべき姿を探るうえで有力な手がかりを与えてくれるものと考える。したがって、日本の教育の将来像を描くためには、進学に関する問題の歴史的考察ということも重要であると考えるのである。

では、大学などの高等教育機関への進学を目的とした教育、即ち進学教育（本書では進学準備教育あるいは進学予備教育と同義に用いる）は、日本ではいつ頃、どのようにして形成されたのであろうか。その問いに答えることが本書の課題なのであり、これから「長州閥の教育戦略」を検討していくことによって、ある程度の答えが得られるものと考えるのである。

阿武町
萩市
阿東町
長門市
秋芳町
美東町
下関市
美祢市
山口市
周南市
岩国市
和木町
宇部市
防府市
下松市
光市
柳井市
周防大島町
山陽小野田市
田布施町
平生町
上関町
現在の山口県

島根県
広島県
都濃郡
玖珂郡
熊毛郡
大島郡

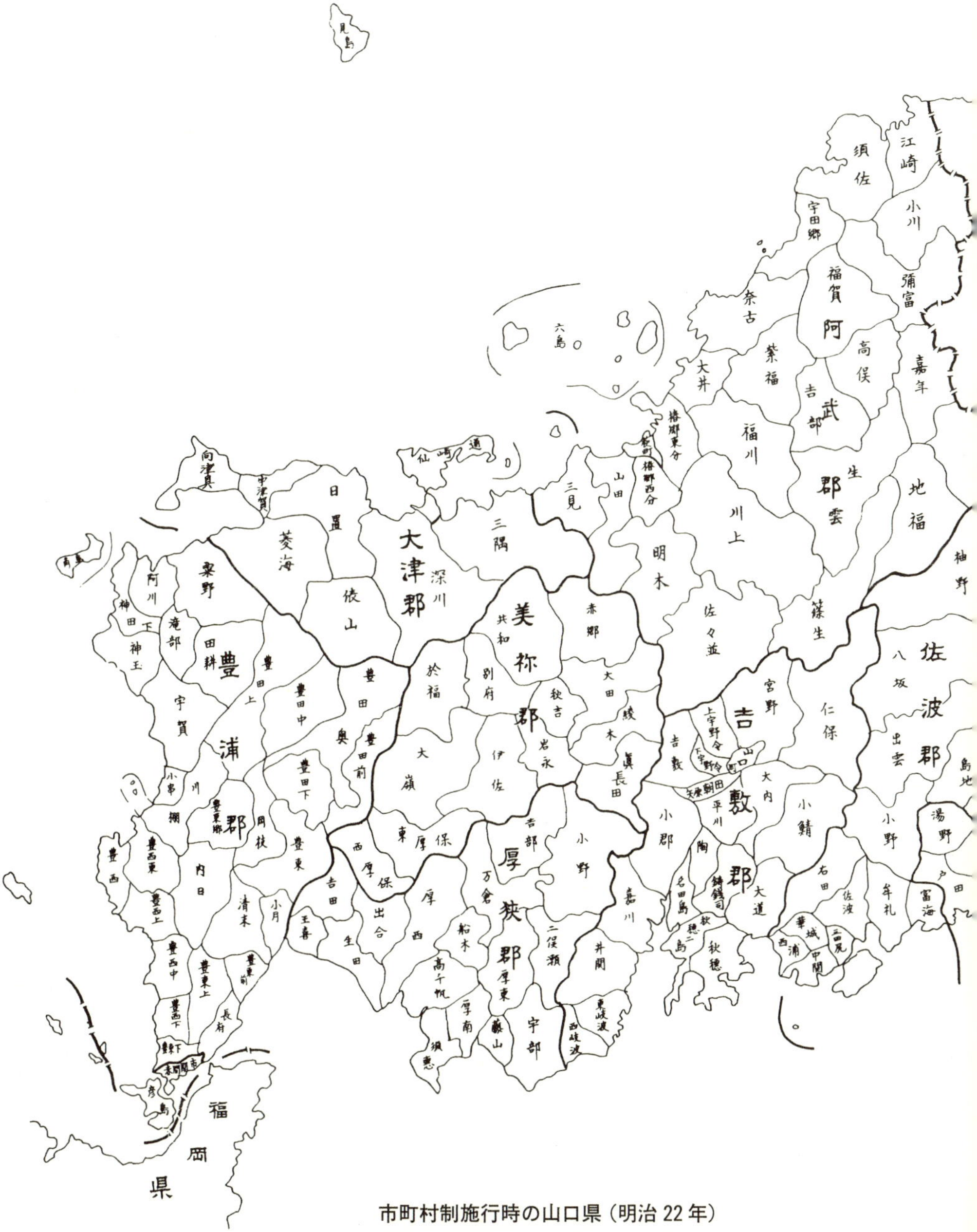

市町村制施行時の山口県（明治 22 年）

（出典　『増補改訂　山口県文化史年表』山口県，1968）

目次

凡　例

・本書において引用した史料については、漢字の旧字体はすべて新字体に改めた。
・原史料に句読点のない場合でも、読みにくい場合については著者が適宜加えた。
・年号については、原則として元号を用い、適宜西暦を併記した。

序章

一　本書の研究課題

本書でいうところの進学とは、特に断りのない限り、中等教育段階から高等教育段階への進学のことを指し、また進学教育とは、高等教育機関への進学を目的とした教育、即ち高等教育機関への進学準備（予備）教育のことを指しているが、近代日本の教育の歩みについて考える時、進学という問題は教育全体の在り方に大きな影響を与えてきたといえよう。

近代日本の教育は、急速な近代化推進という時代的背景によって、まず、国民教育の観点からの初等教育と国家的指導者養成のための高等教育とが並行的に展開していったが、初等教育と高等教育の中間に位置する中等教育の展開は、前二者に比してかなり遅れた。それは、中等教育という概念自体が、明治期になって初めて外国から移入されたということが最大原因であった。このため、明治一九年に公布された「小学校令」、「中学校令」、「帝国大学令」によって、ようやく初等、中等、高等教育のアーティキュレーションが成立するのであったが、それが実際に機能するまでにはさらに年月を要し、明治二〇年代末～三〇年代初めに至ってようやく機能し始めるのであった。(1)

だが、この頃から、早くも官立高等教育機関への入学試験競争の激化と進学準備教育の蔓延といった問題が指摘され始め、大正末～昭和初期になると進学競争の問題は社会問題化していくこととなる。このような状況を受け、高等学校（旧制）入試を中心として入試方法の改革が繰り返し行われたが、根本的に状況を改善するまでには至らなかった。つまり、国家的要請によって構築され、広く国民各層からの人材を吸収し、それを配分する機能を担うことを期待された学校システムは、進学要求の上昇を背景として大きな問題を惹起したといえるのであり、初等・

中等教育は高等教育へ人材を送り込む「パイプ」的役割を否応なく負わされる形で展開してきたと考えられるのである。そして、現在でもその根本的状況は変わっていないといえよう。

例えば、木村元氏が指摘するように、「戦前日本の学校体系は、上級学校進学の要求、特に一貫した頂点への『本流』志向の中で、入試に基づく序列的な価値によって学校が規定されるという事態を生み出した[2]」のであり、さらに深刻なのは、この問題構造が本質的には現在に至るまで継続し、現在の「教育病理」現象の背景の一つとなっていると考えられることである。

また、新谷恭明氏が「近代日本の教育制度は初等教育において平等な国民普通教育を展開し、多様化する中等教育段階において選別の機能が具体化していた。すなわち、少数の進学者のみを対象とする正系の教育体系が他の圧倒的多数の青少年（正系外の中等教育機関に学ぶ者も、また中等教育の機会すら与えられない者も含めて）を差別化していく構造を作り上げていった[3]」と指摘するように、進学という問題は学校教育の差別構造も生み出していた。尋常・高等小学校（小学校）→尋常中学校（中学校）→高等中学校（高等学校）→帝国大学という進学系統が学校教育の正系として重視され、この進学ルートを経た者が国家的人材として国内各分野の指導者となることが期待されたのであった。中等教育には各種実業教育も包含されており、進学教育と完成教育の両面を担うことが中等教育の本来の役割とされていたのであるが、実際には帝国大学に進学できる中学校のみが他の中等学校よりも優位に立っていたことが、近代日本の学校制度の特質を物語っているといえる。

この他、中等教育史の分野においても、深谷昌志『学歴主義の系譜』（黎明書房、一九六九）、山谷幸司「明治後期における春山作樹と長谷川乙彦の中学校論争——学校体系に占める中学校の位置をめぐって——」（『東北大学教育学部研究年報』第三七集、一九八九）、米田俊彦『近代日本中学校制度の確立』（東京大学出版会、一九九二）、斉藤利彦

『競争と管理の学校史』（東京大学出版会、一九九五）等が部分的に進学教育の問題性を論じているが、これらは諸学校令によるアーティキュレーションが確立して以降の時期を対象としたものであり、進学教育の形成という視点には立脚していない。

進学教育に関するこれらの先行研究の問題意識は、その弊害性の指摘にあるといえ、進学という問題が近代日本の教育を所期のものから大きく変容させたことは分かるが、進学教育の形成自体について具体的に検討した先行研究は管見の限り存在しない。だが、進学教育が初等・中等教育の展開を大きく左右するということが、近代〜現代にまで及ぶ日本の教育の特質であるとすれば、この特質を歴史的事実に即して検証する必要があり、本書が進学教育の形成を研究対象とする理由もここに存在するのである。つまり、進学教育形成の問題を歴史的に検討することは、高等教育機関への進学ということが初等・中等教育の在り方を左右するという、現代日本教育の構造的問題の本質的要因を明らかにすることにつながるのである。

では、近代日本において、高等教育機関への進学を目的とした教育は、いつ頃、どのようにして形成されたのであろうか。この疑問が本書の根底に存在する最大の課題意識である。

本書が対象地域とする山口県では、明治三年一一月に山口藩が藩校の山口明倫館・萩明倫館を山口中学・萩中学と改称して以降、独自の進学教育を形成していき、明治二〇年代には山口高等中学校及びその予備門としての五学校からなる学校体系を作り、それを実際に機能させて、県出身の子弟を帝国大学に進学させていたのであった。明治期、特に前〜中期における山口県は、維新勢力の中心となって政府要人を輩出したという歴史的経緯から政治的に特殊な立場にあった。その山口県が諸学校令による全国的なアーティキュレーションとは別に、独自の「バイパス」的な進学階梯を作って帝国大学に人材を送出していたのである。(4)

本書は、このような山口県の進学教育、とりわけ、山口高等中学校及び五学校からなる進学体系の形成から消滅までの過程を詳細に検討することによって、近代日本において進学教育がどのようにして形成されたのかということを明らかにすることを目的とする。

二　近代日本教育史における山口県の進学教育

では、近代日本教育史の中で、山口県の進学教育はどのような存在だったのだろうか。その概略を述べれば次のようになる。

明治三年二月に公布された「大学規則」及び「中小学規則」は、学校を小学、中学、大学に区分したうえで、大学↑中学↑小学という進学系統を示したという意味で大きな意義を持っていた。つまり、両規則によって、それまでは存在しなかった進学という概念が制度上初めて示され、大学の予備教育機関としての中学の位置づけがなされたのであった。だが、中学から大学への進学は、後の進学概念とは異なって、人材抜擢の精神に裏付けられており、「中小学規則」に「子弟凡ソ二十二歳ニシテ中学ノ事訖リ乃チ其俊秀ヲ選ビ之ヲ大学ニ貢ス」と規定されているように、諸藩の俊秀を選抜して中央の大学に貢進するという役割を中学は担っていたのであった。また、中学の学科は大学と同じ「大学五科」と称される専門学とされており、大学の予備教育機関としての性格が非常に濃厚であった。このように、進学の概念や中学の内容は後のものとはかなり異なっていたが、中学を大学への進学階梯として捉えたことの意味は大きかったといえよう。

両規則を受けて、明治三年一一月に山口藩（明治二年六月の版籍奉還の際に萩藩は山口藩と改称していた、通称は長州藩）は、その藩校山口明倫館・萩明倫館（萩明倫館は一七一九年設立、山口明倫館は一八六三年設立）を各々山口中学・萩中学と改称した。中央の大学に対する府藩県の中学といった意識に基づいての改革であったため、学科内容の根本的改革までは行われなかったが、藩校を中学としたことの意義は大きかったといえる。これ以降、山口県(明治四年六月に山口藩は支藩の徳山藩を合併し、翌月の廃藩置県によって防長二国の各藩を継承した山口・豊浦・清末・岩国の四県が成立したが、一一月には山口県に統合された)では、中央の教育政策と一定の距離を保ちながら、他府県とは異なる独自の進学教育が行われていくこととなる。

両規則に従って藩校を改革し、中学を大学への進学階梯として位置づけた藩は他にも存在した。例えば、金沢藩は明治三年一一月に藩校改革を行い、「中小学規則」に準拠した中学東校・中学西校を設立して、中学を中央の大学につながる正系の学校として位置づけている。[5] だが、当時の大学は実体を伴わないものであったため、中学から大学という進学ルートによる進学者は実際には存在しなかった。

明治四年七月の廃藩置県は諸藩経営の学校にも大きな打撃を与え、多くの中学が経営主体を失って廃校の運命をたどったが、山口・萩中学は県立中学となって存続した。

明治五年八月に頒布された「学制」は近代的な教育制度を創始したが、学校を小学、中学、大学の三段階に区分したことでも大きな意味を持っていた。「大学規則」及び「中小学規則」では、大学を中心として、その予備教育の場としての中学や小学が構想されたに過ぎなかったが、「学制」では学校を小学→中学→大学といった単線型の進学段階に編成したうえで、全国民に開放した。「学制」の規定する中学は各種実業教育等も包含する広義のものであったが、普通教育を行う上・下等中学を標準としており、[6] 小学卒業後、下等中学→上等中学→大学という進学ルートが漠然とではあったが示されていた。また、個人の能力や財力の問題は別としても、全国民に対して進学の機会を与えたことは画期的なことであり、進学競争の原点は「学制」にまで遡ることができると考えられるのである。「学制」では当初、全国に八校（のち七校）の大学を設置することを規定していたが、実現できなかったため、中学→大学という進学ルートは未だ現実化しなかった。

「学制」頒布によって、旧藩設立のすべての学校は廃校に追い込まれることとなったが、山口・萩中学の場合も例外ではなかった。この事態を受けて、明治五年末に県当局は山口・萩中学を山口・萩変則中学に改組した。その後、明治六年五月には山口・萩変則小学となり、さらに八年一〜五月には山口・萩上等小学となって、途中に最大数ヶ月程度の断絶期間や校名に「小学」を冠した時期もあったが、実態としては中等程度の教育が継続されていた。

「学制」以降、全国各地では多種多様な中学が設立されたが、これらのほとんどは大学への進学階梯という意識によって設立されたものではなかった。それに対し、山口県の場合は専門学校等の高等教育機関への進学を意識したものであったが、進学は事実上困難な状況にあった。明治一一年五月になると、山口・萩上等小学は山口中学校及び萩分校へと改組されたが、依然として、これらの中学校が中央の高等教育機関との連絡を欠いていたことは、在京県出身有志の憂慮するところとなっていた。そこで、明治一二年になると「防長教育振興運動」[7]が発生したが、この運動発生の背景には複雑な事情が存在していたのである。

当時の政府内部に長州閥が存在していたことは周知のことであるが、長州閥が政府内の一大勢力としてその全容を現したのは、明治四年後半のことであったとされる[8]。明治四年七月の廃藩置県の結果、国元に残っていた維新功労の志士の多くが上京し、官途に就いたからであった。明治新政府を主導した長州閥であったが、国家建設のための有為な人材を政府へ全国的に吸収することが早急に望みがたい当時の状況もあって、まず、彼らが考えた人材吸収の方策とは、自分たちの郷里、即ち山口県からの人材吸収であった。このことは、藩閥の性格を物語っているともいえるが、特に長州閥の場合は、幕末期以降、藩内の内戦や討幕戦を共に戦い抜いた同志的結合は一段と強固であったと考えられ、政府の要職を占めた先輩が郷里に残された後輩を抜擢することが当然のごとく行われていた。
政府内部の長州閥構成員たる長州人は、志士としての経歴や功績の有無を基準として、第一・第二の両世代に大別できるとされる。(9) 第一世代長州人とは尊攘・討幕運動や戊辰戦争に参加して功績をあげた者のことであり、一方、第二世代長州人とはその年齢にまで達していなかった者のことであり、両者の生年の境界は弘化・嘉永年間の交わりあたり(一八四〇年代半ば)とされる。

第一世代は当初、木戸孝允が代表者であったが、明治一〇年五月に木戸が没した後は、伊藤博文・井上馨・山県有朋・山田顕義といった新リーダーが閥内に自派を形成していった。

一方、第二世代が中央政界の上層部に姿を現し始めるのは明治二〇年代に入ってからであったが、すでにこれ以前から第一世代と後継者としての第二世代の違いは際だっていた。第二世代を第一世代と比べると、人数が遥かに少ないうえ、ほとんどの者に共通していたのは近代的な高等教育を受けていたということである。(10) 第二世代の人数が少なかったのは、彼らが成年に達した頃には、すでに明治新政府の建設が終わっていたため、大量の人材採用の必要性がなかったということが最大原因であったと考えられるが、縁故のみによる採用ではなく、学歴も重視せざるを得なくなっていたことも一因であったと考えられるのである。長州閥を構成していた政府要人の中には、このような第二世代の状況に対する危機意識が生まれ、新しい後継者養成の方策を考案させていくこととなるのであった。縁故によって郷里の後輩を採用するなどということが難しくなっていた時期に、山口県から中央政府へ正当な手段で人材を吸収するためには、帝国大学進学を目的とした学校体系を作る以外に途はなかったのである。

「防長教育振興運動」が発生した明治一〇年代初めの時期は、法理文医の四学部を擁する東京大学の他、工部大学校、司法省法学校、駒場農学校、札幌農学校等の高等教育機関が各々専門分野を教授しており、すべての分野を網羅した高等教育機関は存在していなかった。また、これら官学の他に、私学の慶應義塾等も高等教育の一翼を担っていた。だが、東京に集中する高等教育機関と地方とをつなぐアーティキュレーションはまだ成立しておらず、高等教育機関に進学しようとする者は単身上京して、まず受験勉強をする必要があった。高等教育を受けることによって立身出世を夢見る青少年たちは、地方から東京に集中して、「上京遊学」の時代を形成するのであり、彼らは書生と呼ばれて、各々の目標とする高等教育機関を受験するための予備学校に入学し、英語を中心とした受験教育を受けたのである。つまり、地方の中学校と中央の高等教育機関とは接続しておらず、地方の中学校に入学したとしても、卒業が高等教育機関への進学につながるわけではなかったため、進学希望者は中退して上京し、受験教育専門の私立学校等に通うことが一般的だったのである。

このような状況もあって、山口県に関しては、長州閥の後継者を養成するための方策として、進学制度を早急に作る必要性が関係者の間に認識され始めていた。その具体的動きの発端が、政府内の長州閥官僚と旧藩主毛利家との共同の教育運動という性格を持っていた「防長教育振興運動」だったのである。この運動は藩校明倫館の教育精神の復活を掲げていたが、実際には山口県から中央への人材吸収、即ち長州閥による後継者養成の運動であったと見ることができる。このことは、運動の中心人物であり、第二世代の代表者ともいうべき江木千之（当時、文部省勤務）の言葉によれば、「堂々教育を振興して真に国家の用に立つべき人材を養成して邦家に報ゆる所がなくてはならぬ」(11)との信念に基づいた運動であったとされることからも明らかである。第一世代ばかりでなく、第二世代も長州閥の将来には不安を感じていたのであった。江木らの長州出身官僚は「国家の用に立つべき人材」の養成を目指していたのであり、彼らからすれば、「防長教育振興」とは郷里山口県からの後継者吸収の論理に他ならなかったのである。このように、山口県の進学教育の背景には、第一世代の錚々たるメンバーに比して、人数においても、官僚経歴や実力においても劣位に立っていた第二世代の状況に危機感を抱いた長州閥（両世代を含めた）による後継者吸収の論理が存在していたと考えることができるのである。

「防長教育振興運動」が発生したのとほぼ同時期、県内でも士族に対する教育授産のために本格的対策を講じようとする動きが起こっていた。山口県の士族授産は、明治六年一一月に士族対象の授産事業と農商民対象の殖産興業を行う機関として勧業局が設置されたことに始まる。翌七年一一月になると、勧業局は士族授産専門の授産局と農商民対象の協同会社とに分割されて、本格的に授産事業が開始された。山口県の士族授産の特色としては、教育授産を重視していたことがあげられるが、その教育授産では貧窮士族の子弟に対して中等教育を授け、さらに中央の高等教育機関へ進学させることが目的とされていたのである。授産局による教育授産事業の一環として、明治八年一～五月にかけて設立されたのが、山口・萩上等小学であり、その設立が実現した背景には、政府内にあって郷里の士族問題に最も心を砕いていた木戸孝允と井上馨の尽力や旧藩主毛利家による多大の経済援助が存在していた。明治一一年五月に両上等小学は毛利家経営の山口中学校及び萩分校に改組されたが、高等教育機関へ進学することは困難な状況にあり、中学校の根本的改革が望まれていたのである。

このように、県の内外で高まった中学校教育振興を求める機運に呼応して、明治一三年六月、県当局は山口・萩・豊浦・徳山・岩国の県立五中学校を設置した。これら五ヶ所は、すべて旧藩（本藩及び支藩）の所在地であったため、藩校も存在しており、その教育伝統に拠って県立中学校が設置されたのであった。中学校の学科課程は、尋常中学科三年・高等中学科二年の五年制であり、山口中学校にはその両者が、他の四校には尋常中学科のみが置かれ、各校の尋常中学科を終えた者は山口中学校の高等中学科に進学して、さらに中央の高等教育機関に進学するという組織になっていた。つまり、この「県立五中学校制度」は東京大学予備門等への進学を目標とした進学制度だったのであり、効率的な進学教育を行うために中学校の組織化が行われたのであった。

当時、全国各地では多種多様な中学校教育が展開されていたが、それらを教育目的や教育内容の面から統合する契機となったのが、明治一四年七月の「中学校教則大綱」の制定であり、これは文部省が中学校を一元化することをねらった初の施策でもあった。「中学校教則大綱」は、中学校教育の目的として「中学校ハ高等ノ普通学科ヲ授クル所ニシテ中人以上ノ業務ニ就クカ為メ又ハ高等ノ学校ニ入ルカ為メニ必須ノ学科ヲ授クルモノトス」（第一条）と規定して、進学教育を行うということを初めて明示し、さらに「高等中学科卒業ノ者ハ大学科、高等専門学科等ヲ修ムルヲ得ヘシ」（第九条）と規定して、中学校の卒業ということを大学への進学資格としたのであった。だが、実態は「其生徒ハ縦令之ヲ卒業スルモ進ミテ高等ノ学校ニ入ル能ハス（中略）初等科卒業生ニ就キテ之ヲ言ヘハ其卒業後直ニ進ミテ高等科ニ入ルモノハ十ノ一二ニシテ餘ハ概テ都下ニ出テ東京大学予備門又ハ他ノ高等学校ニ入リ若クハ其予備ヲ為スモノ、如シ[12]」との状況だったのである。

明治一七年一月になると、「中学校教則大綱」に準拠する形で、県立五中学校の尋常中学科は初等中学科と改称されて四年制となったが、高等中学科は名称・年限ともに従来のまま（「中学校教則大綱」の規定と同じ）とされた。明治一七年二月、山口中学校と他の四校は正式に本・分校関係に立つこととなり、同一の教則・校則・財政等の下に統一されて、進学制度としての「県立五中学校制度」が完成し、十分な進学成果をあげることが期待されていた。

このような進学教育を財政的に支援する組織として、明治一七年一〇月に誕生したのが防長教育会であった。そして、防長教育会の創設によって、政府内の長州閥の間で発生した後継人材吸収欲求と山口県内で発生した中央への人材送出欲求とが、進学教育の形成という共通の目的の下に結びついたものと考えられる。同会の創設に際して、第一世代の代表である井上らの政府要人や第二世代の若手官僚といった長州閥の構成員たちはもちろん、旧藩主毛利家や県内外の有志各層が郷党意識によって結集したことからもこのことが窺えるのである。つまり、長州閥の内部で山口県からの人材を組織的に吸収しようとする動きが発生したのとほぼ同時期、県内でも教育授産によって中央へ人材を送出しようとする本格的な動きが起こっていたのであり、この両者の動きが防長教育会の創設によって一本化されることになるのであった。

防長教育会の創設によって、五中学校は県と同会の共同経営となり（表面上は県立）、同会による五中学校経営が順調に出発したかに見えたが、明治一九年四月に「中学校令」が公布されたことによって、山口県の中学校制度は大変革を迫られることとなった。この「中学校令」は、教育目的だけでなく教育内容の面からも中学校の進学機能の制度的準備を整え、アーティキュレーションを成立させたという意味で近代日本教育史上画期的なものであり、初等→中等→高等教育という三段階の進学階梯の中で、中等教育から高等教育への進学ということを制度化したのであった。

だが、制度的には、尋常・高等小学校→尋常中学校→高等中学校→帝国大学というアーティキュレーションが成立したとはいっても、尋常中学校の教育程度と高等中学校の求める要求水準との間には大きな隔たりがあったため、当初、両者の連絡は円滑にいかず、「尋常中学校ノ卒業生ハ直ニ高等中学校ノ本科ニ入ルヲ得ヘキモノナレトモ現今ノ卒業生ハ其ノ学力未タ足ラスシテ直ニ本科ニ入ル能ハサルノミナラス其ノ予科ニタモ猶ホ入ルニ堪ヘサルモノアリ[13]」や「地方ノ卒業生ニ就キテ之ヲ観レハ其ノ予科ニ入ルヲ得ルモノハ十ノ一二ニ過キス其ノ他ハ小学教員トナルモノ若クハ東京府下ノ私立学校ニ入ルモノ多シ[14]」という状況だったのである。このため、明治二〇年代に入ってからも、尋常中学校を中退して上京、高等教育機関受験のための予備学校に入学する者が多く存在していたのであり、尋常中学校は十分な進学教育の場とはなっていなかったのである。

山口県から帝国大学へ直接に進学する途が閉ざされたことと、府県立尋常中学校が各府県一校に制限されたために県立五中学校の維持が不可能になったということの二点において、「中学校令」は山口県にとって非常に打撃的であった。そこで、山口県では、これら二点を克服し、従来の進学教育を存続させるために、他府県とは異なる進学階梯を作るという実に驚くべき対応をとったのである。即ち、防長教育会の経営による山口高等中学校（予科三年・本科二年）を設立し、その予備門として山口・萩・豊浦・徳山・岩国学校（当初は高等小学校別科と称した、総称して五学校、四年制の学校）を配して、尋常小学校四ヶ年→五学校四ヶ年→山口高等中学校予科三ヶ年→同本科二ヶ年→帝国大学という、山口県の子弟のためにのみ用意された進学階梯を作ったのである。山口高等中学校及び予備門五学校からなる学校体系によって帝国大学に進学した山口県の子弟が、卒業後は政府等に職を得て、新しいタイプの長州閥後継者へと育つことが期待されたのであった。

当時、帝国大学に進学するためには、尋常小学校四ヶ年→高等小学校二年修了→尋常中学校五ヶ年→高等中学校本科二ヶ年→帝国大学と進むのが一般的な最短コースとされていたが、実際はこの通りにはいかずに数年の余分な年数がかかっており、しばらくの間はアーティキュレーションが十分に機能していなかった。これに対し、山口県では、最短年数で帝国大学に到達できる進学階梯を独自に作り、それを全国的なアーティキュレーションに先立って機能させていたのである。特に、五学校は山口高等中学校予科への進学教育を行う山口県独自の中等学校であり、尋常中学校の代替的役割も果たしていた。森文政期以降、文部省による強力な教育一元化政策の下にあって、このような変則的かつ特異な学校体系がしばらくの間存在しえたこと自体、重大な事実であったといえる。

結局、明治二八年四月に山口学校が山口県尋常中学校に改組されて以降、山口県の学校体系は全国的な教育制度に組み込まれていき、三〇年九月になると他の四校も山口県尋常中学校の分校となって五学校は姿を消すが、その後も山口県の中学校における強い進学志向や中央志向は決して衰えることはなく、進学教育の伝統は継承されていった。明治三〇年といえば、全国的なアーティキュレーションが機能し始める時期にあたっており、独自の進学体系によらなくても全国的な進学階梯によって帝国大学に進学することが十分可能になり始めていた。その結果、文部省の強い指導もあって、山口県の進学体系は歴史的役割を終えて全国的制度に組み込まれていったといえるのである。

三　先行研究の検討

以上のように、山口県では独自の進学体系を形成して組織的な進学教育を行っていたのであり、その進学体系を象徴する存在が、他に類例のない中等学校である五学校であった。山口県の進学体系については、すでにいくつかの先行研究もその特異性に注目しているが、それらの研究関心は専ら山口高等中学校（明治二七年九月、山口高等学校に改組）に向けられており、特異性を最も端的に象徴している五学校については研究対象とされてこなかった。

山口県の進学教育を取り上げた先行研究としては、まず、天野郁夫『学歴の社会史』（新潮社、一九九二）があげられる。同書は外山正一（帝国大学総長や文部大臣を歴任）の『藩閥之将来』（博文館、一八九九）を題材として、当時の長州閥と教育との関係から筆を起こしている。同書では、明治維新によって握った権力を保持していくために「教育資格」、つまり学歴の必要性を痛感して教育を重視したのが長州閥、即ち山口県人であると外山が捉えていたことを指摘している。さらに、その山口県の教育努力を象徴するものとして外山が捉えたのが、防長教育会や山口高等中学校の存在であったとしている。だが、題材とした外山の主張が高等学校設置の必要性にあったため、天野氏も山口高等中学校（山口高等学校）の特異性には注目しているが、五学校については全く検討対象としていない。

次に、竹内洋『日本の近代一二　学歴貴族の栄光と挫折』（中央公論新社、一九九九）があげられる。同書では、山口高等中学校と鹿児島高等中学造士館の存在を、「藩閥から学閥への時代の転換をにらんでのサバイバル戦略である。長州閥と薩摩閥の余習《なごり》である」（五三頁）としたうえで、山口県の学校体系の特異性を指摘しているが、天野氏と同様、その研究関心も専ら山口高等中学校の特色に向けられており、学校体系内部の具体的な実態にまでは言及していない。

中等教育史の視点から、山口県の進学教育に触れた研究論文としては、まず、海原徹「山口県の中等教育」（本山幸彦編著『明治前期学校成立史』臨川書店、初版一九六五、復刻版一九九〇）があげられる。同論文は、明治初年から二〇年代後半にかけての山口県の中等教育が、中央の教育政策との対応関係においてどのようにその独自的性格を展開していったのかということを中心に述べたものである。山口県の中等教育史に関する初の研究論文ということもあって、特異な中等教育の展開を明らかにしたという学問的価値は高く、その形成原因を旧藩教育の伝統に求めている点も重要である。だが、山口県中等教育史の概観という論文の性格上、進学教育の実態について詳細な検討はなされておらず、山口県の中等教育の特質として、進学教育の問題があげられるにとどまっている。

次に、神辺靖光「明治一〇年代における山口県の県立中学校」（『兵庫教育大学研究紀要』第一〇巻、一九九〇）があげられる。神辺氏は、中学校教育の模索期とされる明治一〇年代に注目し、各県の事例研究を行っているが、同論文はその一環をなすものである。同論文では、明治一〇年代における学校制度の試行の中に後年の学校制度の祖型と見られるものが多くあるとしたうえで、山口県の県立中学校を事例として、近代日本における中学校の設置形式や中学校観の一側面を明らかにしている。その中で、山口県の中学校制度が後の学校制度の祖型となったのではないかと考えられる二つの事例を紹介している。

まず、県立五中学校の主財源となった「中学資本金」（旧藩主及び旧藩関係者の寄付金や県費支出金等からなる）が先例となって、明治一四年一月制定の「府県立学校幼稚園書籍館等設置廃止規則」第八条（この規程が明治一九年四月の「諸学校通則」第一条へと発展する）の「府知事県令ノ管掌ニ係ル別種ノ資金ヲ以テ之ヲ設置スルコトアルベシ」との規程が作られたのではないかと推測している。また、県立五中学校の尋常中学科・高等中学科という二段階区分の呼称が、後の「中学校令」のヒントになったのではないかとしている。このように、諸学校令以降の学校制度、特に中学校制度の祖型の一端を山口県が作ったのではないかとする神辺氏の指摘は、近代日本教育史上の山口県の存在意義にも関わって極めて重要である。さらに、明治一〇年代における山口県の中学校の諸事情が、後に独自の学校体系を作った要因であると指摘している点も重要である。だが、県立五中学校の制度面や財源等を中心に検討しているため、やや時期的に下がる山口県の学校体系自体の検討にまでは及んでいない。

いずれにしても、これらの先行研究は、近代日本の教育の形成期における山口県の重要性には言及しているが、その進学教育の全体像や実態について明らかにしてはいないのである。

そこで、本書では、近代日本の教育が形成され、確立するまでの明治初年から明治後期までを対象時期として、山口県において独自の進学教育が始まり、さらに全国的制度とは異なる進学体系が形成されて帝国大学への進学成果をあげていたが、最終的には全国的制度に組み込まれていったという過程を、進学体系の要をなした五学校を中心としながら検討していくこととする。

四　研究の方法・構成

本書では、研究目的を達成するために、山口県の進学教育の形成をめぐる以下の諸問題を検証していくこととする。

まず第一に、藩校が中学へ転換したことの意義や影響についてである。明治初年、それまで全く存在しなかった中等教育を概念定義していく全国的な模索過程の中で、山口藩は藩校山口・萩明倫館を山口・萩中学と改称した。このように、藩内の最高学府たる藩校が中学に転換したことの意義は何であったのか、さらに中学への転換が教育目的や教育内容に対して与えた影響についても、進学教育形成の前史的視点から明らかにする必要がある。

第二に、士族授産の一環としての教育授産が、進学教育の形成に果たした役割についてである。士族子弟に中等教育を与え、さらには高等教育機関に送出することを目的としていた教育授産が、中等教育に進学教育の性格を付与したのではなかったかという問題を実証的に検討し、教育授産が進学教育形成の原動力の一つになったのではないかという問いにも回答を与えなければならない。

第三に、藩閥勢力と教育の関係についてである。従来、藩閥の問題は主に政治史的視点から語られがちであったが、実は進学教育の形成にも大きな役割を果たしていたのであり、その教育史的意義も明らかにする必要がある。伊藤隆氏は、「藩閥リーダーがいかにして自己の後継者としてすぐれた人材を獲得しようとしたか、そして実際に獲得したかという問題も藩閥研究の不可欠の研究課題である」と述べて、藩閥による後継者養成の問題を研究することの重要性を指摘したうえで、「その点で重要なのは、官僚制と連結した高等教育制度の形成、本格的な高級軍人養成機関の形成であろう。（中略）このような補充策の実態とその結果をきちんと分析する」ことの必要性を説いている。[15] 藩閥と教育の関係を明らかにすることは、藩閥の新しい側面を明らかにするだけでなく、進学教育形成史の上からも重要な課題であるといえるのである。つまり、藩閥勢力が大きく関与したという、近代日本の進学教育形成の特質も明らかにすることになるのである。

第四に、中学校の組織化と進学体系の形成との関係についてである。明治一〇年代における中学校組織化の理由や、組織化されたことによって学校管理組織・教員及び生徒の状況・教育活動等に生じた特質について検討し、それらの特質と明治二〇年代の進学体系との関係について明らかにする必要がある。

第五に、帝国大学への進学を目的とした進学体系、即ち五学校を要としたアーティキュレーションが作られるに至った直接的理由や、五学校において見られた特質についてである。五学校が設立された経緯や教育活動の特質、進学機能の実態や進学成果等が検討されなければならない。

第六に、帝国大学への進学を目的とした進学体系が全国的な進学階梯に組み込まれていった経緯や、この事実が示す教育史的意義についてである。全国的なアーティキュレーションが機能し始める時期にあたる明治三〇年に五学校は完全に消滅するが、このことの経緯及び歴史的意義について検討しなければならない。

これらの諸問題は、山口県の進学教育を通してのみ検証されうる問題であり、また近代日本における進学教育形成の特質の一端を物語っているともいえるのである。

本書は、このような諸問題を検証していくために、次のような構成となっている。

まず第一章では、山口藩の藩校山口・萩明倫館から山口・萩中学への改変の経緯と両者の連続性の問題を中心としながら、山口県における中学校の成立について検討し、藩校を中学とした結果、学校の性格・教育内容・生徒及び教員等はいかなる点で連続し、また変化したのか、さらに成立当初の中学の状況についても明らかにする。つまり、山口県の進学教育について、旧藩との関係を中心に起源的検討を行う。

第二章では、士族授産事業の一環として設立された山口・萩上等小学及び萩読書場を対象として、士族子弟に対する教育授産が、結果的には中等教育を進学教育化する役割を果たしていたことや、進学させることによっていかなる人材を養成しようとしていたのかを明らかにする。

第三章では、山口県独自の進学体系が形成される背景を明らかにする。まず、長州閥の実態や構造を明らかにするとともに、長州閥が山口県の進学教育にどのように関わっていたのかを明らかにする。さらに、「県立五中学校制度」の成立過程や目的・教育活動・進学成果等を具体的に検討することによって、「県立五中学校制度」が山口高等中学校及び五学校という進学体系形成の直接の背景となったことも明らかにしたい。

第四章では、明治一九年の「中学校令」を受けて、従来の進学教育を存続させ、なおかつそれを推進するために考案された五学校の設立過程を明らかにし、さらにその教育目的や学習活動についても具体的に検討する。特に、五学校の成立経緯や学習活動の特質について明らかにすることを中心とする。

第五章では、五学校の生徒に関する各種史料を詳細に分析することによって、その教育機能や教育成果を具体的に明らかにし、帝国大学への進学が最終目的とされた五学校の教育実態に迫る。

第六章では、山口県独自の進学体系が全国的な教育制度に組み込まれていく過程について検討する。まず、五学校が尋常中学校に転換していく経緯について検討するとともに、山口県における尋常中学校設立ということが意味する教育史的意義を明らかにする。また、尋常中学校設立をめぐる問題の中心となった防長教育会の「中等教育観」についても、進学教育との関係を中心に注目したい。

終章では、山口県における進学教育形成の特質を総括するとともに、近代日本教育史の中で山口県の進学教育が有する歴史的意義についても明らかにする。

注

(1) 天野郁夫『試験の社会史』(東京大学出版会、一九八三、二一三〜二一四頁)、米田俊彦『近代日本中学校制度の確立』(東京大学出版会、一九九二、二頁)。
(2) 木村元「『受験知』の生成と浸透」(寺崎昌男・編集委員会共編『近代日本における知の配分と国民統合』第一法規、一九九三)。
(3) 新谷恭明『尋常中学校の成立』(九州大学出版会、一九九七)の「まえがき」。
(4) 外山正一はその著『藩閥之将来』(博文館、一八九九)において、山口県出身の高等学校生徒数及び東京・京都両帝国大学の学生数が突出していることを指摘している。府県別の帝国大学学生数及び高等学校生徒数のデータを基に、外山は「山口県人ノ教育熱ノ如キハ実ニ海内無比デアル」(一一六頁)として、「他府県人ハ山口県人ノ為ス所ニ傚ハムケレバナラヌ」(一〇五頁)と訴えている。具体的に、帝国大学の学生の中で山口県出身者の割合を見てみると、第1表のようになる。ただし、これらすべてが山口県独自の進学体系による進学者ではない。
(5) 神辺靖光『日本における中学校形成史の研究』多賀出版、一九九三、一〇〇〜一〇五頁。
(6) 『日本近代教育百年史　三　学校教育(一)』国立教育研究所編集・発行、一九七四、六四二頁。
(7) 在京の山口県人有志の間で始められた教育運動。詳細は本書の第三章第二節を参照。
(8) 佐々木隆「藩閥の構造と変遷 —— 長州閥と薩摩閥 ——」(『年報近代日本研究一〇　近代日本研究の検討と課題』山川出版社、一九八八)。
(9) 同前。
(10) 同前。
(11) 『江木千之翁経歴談』上巻、江木千之翁経歴談刊行会、一九三三、復刻版大空社、一九八七、一四二頁。
(12) 『文部省第十三年報』。
(13) 『文部省第十六年報』。
(14) 同前。
(15) 「藩閥と民党」(『近代日本研究入門』東京大学出版会、一九七七)。

第１表　帝国大学学生数に占める山口県出身者数一覧

年　次	全学生数	山口県出身者数	山口県出身者の割合(%)	山口県の順位	山口県より学生数が多い府県(人数)
明治24	795	29	3.6	5	東京(146)・石川(52)・新潟(34)・静岡(31)
25	884	43	4.9	3	東京(91)・石川(63)
26	1,121	58	5.2	3	東京(158)・石川(76)
27	1,202	63	5.2	3	東京(169)・石川(73)
28	1,361	67	4.9	3	東京(179)・石川(76)
29	1,596	79	4.9	2	東京(222)
30	1,962	93	4.7	3	東京(273)・福岡(105)
31	2,192	101	4.6	3	東京(307)・福岡(122)
32	2,362	121	5.1	3	東京(336)・福岡(125)
33	2,550	129	5.1	2	東京(367)
34	2,765	144	5.2	2	東京(398)
35	3,043	144	4.7	2	東京(439)
36	3,296	141	4.3	2	東京(450)
37	3,658	146	4.0	4	東京(485)・新潟(153)・福岡(151)
38	4,081	150	3.7	4	東京(540)・新潟(172)・福岡(165)
39	4,582	182	4.0	3	東京(654)・新潟(189)・福岡(182)

（注）　学生数には大学院の学生数も含む。明治30年以降は東京帝国大学のみの学生数である。『帝国大学一覧』及び『東京帝国大学一覧』の各年度版（東京大学史史料室及び東京大学総合図書館蔵）より作成。出身府県については『一覧』の記載によるが，本籍地を指すと考えられる。なお，調査時期は各年次によってやや異なるが，９月末～12月の間である。

第一章　山口県における中学校の成立

問題の設定

近世教育と近代教育の連続性をめぐる問題の解明は、日本教育史学界の積年の課題であった。中等教育史の分野について見ると、近年の中学校史研究の成果によって幕末の藩校から明治の中学校へと連続した事例の存在することが明らかにされている。[1]だが、先行研究では、全国的に見て山口・萩明倫館から山口・萩中学への連続性が強いことを指摘しながらも、具体的な検証はなされていない。例えば、神辺靖光氏は「学制頒布以前の山口・萩両中学校については藩校明倫館からの移行過程が必ずしも明瞭ではない。これについてはさらに探究を要する[2]」としたうえで、『沿革史』の記述と実際の両面から考量して東奥義塾、米沢興譲館中学、佐倉中学、福井中学、山口中学、萩中学が藩学との連続性の最も濃厚なものと言えよう[3]」として、藩校から中学校への連続性の最も強い事例として山口・萩中学をあげている。だが、神辺氏の見解は主として『学校沿革史[4]』の記述に依拠したものであり、藩・県及び学校関係史料の詳細な検討にまでは及んでいない。明治初年にめまぐるしく行われた藩制度改革や廃藩置県、そして政府による教育改革等の影響を受けながら、明倫館は中学へとどのように移行していったのか。その過程は間断のないものであったのか、それとも途中に断絶・空白の期間が存在したとすれば、それは連続性を否定する程のものであったのか。連続性の強さを論じるためにはこれらの事実を明らかにする必要がある。また、藩校から中学校へと連続した他の事例と比較して、山口県の特質について検討する必要もあり、近世藩校教育から近代中学校教育への連続・発展の問題の中に位置づけて考えなければならない。

そこで、本章では、全国的に見て藩校からの連続性が最も強いとされる山口・萩中学を事例として、山口・萩明倫館からの転換過程を各種史料を基に検討することによって、山口県における中学校の成立過程を明らかにする。さらに、山口県では当初より学校を常に進学体系の一部として構想していたとされるが[5]、この点に関して、藩校を中学とした結果、学校の性格・教育内容・生徒及び教員等はどのように連続し、また変化したのかを明らかにし、さらに成立当初の中学の実態についても明らかにしたい。なお、ここでいう「明治初年」とは明治七年八月の山口・萩変則小学の廃校までを指している。

第一節　山口・萩中学の成立

明治三年一一月、山口藩[6]はその藩校山口・萩明倫館[7]を山口・萩中学と改称した。これは同年二月公布の「大学規則」及び「中小学規則」を受けたものであり、両規則によって学校の小学、中学、大学という三段階区分が初めて公示され、かつ、小学、中学を経て大学に至る進学経路も示された。両規則の法規性や効力について疑問視する見解[8]もあるが、これらは単なる計画案ではなく公的な法規であり[9]、府藩県の学制改革に及ぼした影響は少なくなかったとする見解[10]の方が有力である。現に「中小学規則」を「朝廷ノ御規則」と捉え、藩校を中学や小学に改組した藩も存在した[11]。例えば、金沢藩では「中小学規則」の規定をかなり忠実に反映した中学を設立し、中学の学科とされた「大学五科」を開講している[12]。

山口藩の場合は、「三年二月令を発して輦轂の下一箇の大学を設け府藩県には中小学を置き其課程を経しものを試験し知事の保証によりて大学に貢進するの制とせしかば我藩に於ても亦之に準據し三年十一月の改革に及びたる」[13]とあるように、両規則の人材抜擢の理念に沿って、大学への進学階梯、あるいは大学への予備学校として中学・小学（中学開設と同時に両明倫館の管轄下にあった三田尻講習堂や諸郡の郷校を小学とした）を設けたが、必ずしも両規則に忠実な中学を設立したわけではなかった。中学への改称に伴って、藩庁は「中学諸寮規則」及び「一般学則」を制定したが[14]、それらによれば洋学寮の新設や歩兵塾を歩兵講習所（山口のみに置く）、砲兵塾を砲兵講習所、騎兵塾を乗習所（学校外の組織となる）と改称する等の改編が行われている。この結果、藩士の子弟で八歳以上一六歳までの者は文学寮に入学して、素読・手習・語学・数学を修め、一七歳になると一旦退寮の後に、歩兵講習所（六ヶ月）を経て兵学寮（三ヶ年）または砲兵講習所（三ヶ年）に入学する者と、洋学寮（三ヶ年）に入学する者との二つのコースに分かれることとなった。

課程は大幅に改められたが、学科自体は以前とさほどの変化はなかったものと考えられる[15]。天保期に始まる萩藩の洋学は幕末期の明倫館においても講義されており、儒学・国学・洋学からなる学科構成や兵学教育を重んじる学風は中学になってからも受け継がれていた。だが、儒教的儀式である釈菜の廃止や洋学寮の新設（のち、英学寮と独逸寮に分離）によって洋学教育に力を入れ始めたことは注目される。「中小学規則」では、中学は一六歳から二二歳までの七年課程で、普通学ではなく、大学と同様の教科・法科・理科・医科・文科といった専門学、即ち「大学五科」を学ぶものとされていた。「中小学規則」の特徴の一つとして、従来の漢学・国学・洋学といった国別学科を排して西洋科学の分類を採用した点があるとされる[16]。ところが、山口・萩中学では依然として藩校教育の延長が行われており、学科に関しては「中小学規則」の規定に必ずしも忠実であったとはいえないのである。これは、同時期に中学を設立した他藩と同様[17]、中央の大学に対する府藩県の中学といった意識に基づいて両明倫館を中学としたためばかりでなく、「中小学規則」にとらわれずに自主的な中学の方向性を最初から志向していたからであったと考えられる。このため、中学と改称はしたが、学科内容を積極的に改めることはしなかったのであろう。だが、両明倫館が中学となったことにより、藩内の最高学府から中央の大学への進学階梯と捉えられるようになったことは、学校の性格の大きな変化であったといえよう。後年に至るまで、山口県では学校を常に進学体系の一部として構想していたとされるが[18]、その端緒はここに見られるのである。

では、次に生徒や教員は中学となったことによってどのように変わったのだろうか。中学への改称に伴い、生徒の定員にも変更が加えられた[19]。「山口萩中学入寮生員分賦[20]」によれば、山口中学は三七五名（文学寮一〇〇名・兵学寮五〇名・洋学寮一〇名・歩兵講習所一六〇名・砲兵講習所五五名）、萩中学は一六五名（文学寮一〇〇名・兵学寮二五名・洋学寮一〇名・砲兵講習所三〇名）の総計五四〇名とされ、慶応三年の改革時（藩費生の定員は山口明倫館三三五名・萩明倫館一二〇名[21]）と比べると、かなり増加したことになる。これらの生徒の詳細については明らかではないが、原則として藩士の子弟に限られており、明倫館の在学生をすべて一旦退学させた後、精選のうえ入学させたとされるが、実際は明倫館時代の生徒がほとんどそのまま移行したのではないかと考えられる。

教員については、明倫館時代の職名である教授、助教が使用されたが、この二種のみとなり、新たに各々が一〜三等に分けられることとなった[22]。山口中学の教員には、文学寮では岡村熊七（熊彦）・境次（二）郎・磯村卯之助・佐々木貞助・宮崎唯一、洋学寮では殿川一輔・松本源四郎・金子一輔、砲兵講習所では郡司千左衛門・井上梅槌・藤井源之進・安武西市、撃剣所では馬来勝平・嶋田太之助、手跡師には安富首令の計一五名がいたとされる[23]。このうち、明倫館の教員から留任、あるいは過去に明倫館の教員であったことが明白な者は一二名にのぼる[24]。萩中学には、文学寮に中村百合藏・落合済三・横山幾太・高島張輔・渋谷又吉、洋学寮に渡辺平吉・縄田常之進・桂右衛門、砲兵講習所に平田辰之丞・宍戸壮太郎、剣術引立に茂岡諭・河野右衛門、手習師に波根七郎の計一三名がいたとされる[25]。このうち、明倫館との関係が明白な者は一一名にのぼる[26]。このように、教員についても、多少の異動はあったが、ほとんどが明倫館の教員の中から選任されたものと考えられ、教員についても藩校時代と大きな違いは見られなかったといえる。

ところが、明治四年四月を境に教育内容は大きな変化を遂げることとなる。中学設立当初は兵学教育重視の色合いが濃かったが、明治四年四月に兵学寮、歩兵講習所、砲兵講習所といった兵学教育の場がすべて両中学から分離されて陸軍局の管轄に移ったのである（同年七月には兵学舎となる）。これ以降、文学・洋学両寮のみが残り、両中学は純然たる普通教育の場に転換した。試みに、この当時の文学寮のものと考えられる「考試規則[27]」を見ると、文学・洋学・習書・算学の四学科が置かれ、普通教育のみが行われていたことが分かる。さらに、洋学寮についても、教育内容は従来と一変し、軍事教科的色彩は全く見られなくなった[28]。このように、両中学は普通教育の場として、明治四年七月の廃藩置県を迎えることとなるのである。

廃藩置県の結果、明治四年七月には旧四藩が各々山口・豊浦・清末・岩国の四県に移行し、同年一一月にはこれらが統合された山口県が成立した。なお、明治五年二月には旧豊浦藩校敬業館・旧清末藩校育英館・旧岩国藩校養老館を各々豊浦小学・清末小学・小学普通科塾（岩国に関しては、すでに同四年二月に養老館が岩国学校に改組されて公中学と公小学に分かれており、この時に公小学が小学普通科塾と改称された）と改称して山口中学の管轄下に置いた。両中学は廃藩置県によって山口県に移管されたが、校舎は藩校時代と同じ明倫館の建物が使用され、教育内容や教員・生徒の状況にも大きな変化はなかったものと考えられる。例えば、明治五年春に萩中学に入学した林茂香の回想によれば、教室は明倫館の大講堂で、漢学・英学・数学・書の四学科が置かれており、学習する学科は生徒の自由に任せられ、教師は講釈せずに生徒の質問に答えるのみであったが、他に輪読の時間もあったとされる[29]。

だが、県立移管直後から、山口県参事に任命された中野梧一（明治五年七月権令、同七年八月県令）が、県一四等出仕の犬塚三民や山口中学文学寮一等助教の境次郎らと学制改革の計画を立案していた。明治五年三月に発表された小学及び中学の課程・規則改革案は、これら一連の学制改革の動きの具体化と見ることができる。中野の日記に「犬塚当直ニ而不在、同人ノ起草セシ文学寮規則ヲ加除シ」（明治五年一月二六日）[30]、「学校規則犬塚ノ調ヨシトイヘトモ、境次郎ヘ尚見込ヲ問フ」（明治五年二月二〇日）[31]とあることから、この改革案は犬塚が立案し、境の意見も参考にしながら中野の修正を経て完成したものと考えられる。

明治五年三月に発表された改革案では、小学及び中学各々の課程・学科・規則が示されている。小学については、「此度山口萩両学校ェ小学各一所ヲ設ケ現今中学生員十五歳以下ヲ小学生徒トナシ[32]」、「子弟凡ソ八歳ニシテ小学ニ入リ習学スル八年、十五歳ニシテ小学ノ事訖ル[33]」とあって、山口・萩中学の文学寮を小学に改組する計画であったことが分かる（文学寮は八歳以上一六歳まで）。さらに、「十六歳ニシテ小学課程卒業ノ者ハ中学ニ入リ[34]」とされたが、ここで注目すべきは中学への入学資格である。「子弟十六歳ニシテ小学ノ課程卒業ノ者士族卒神官ハ勿論平民タリトモ資性俊敏及ヒ勉強篤志成立ノ目的アル者ハ教授ノ申達父兄ノ願出ヲ以テ中学ェ入寮差許候事[35]」とあって、士族に限らず広く平民の子弟にも中学の門戸を開き、有能な人材を育成しようとしていたのである。実際には、中学在学者のほとんどは士族の子弟であったが、「学制」頒布半年前に、すでに「学制」の内容を予告するかのような教育機会の平等を掲げていたのである。このような教育機会の平等精神は、他の藩立・県立中学においても若干見られたが[36]、山口県の中学の場合、県立化を契機として、中学が藩士子弟の教育の場から広く県民一般からの人材を選抜・養成する場へとその性格を転換したことは重要である。つまり、山口・萩中学は、藩から県へと設置主体の変化に伴って、士族子弟のみならず平民の子弟も含めて、山口県の人材を大学に送出する場として位置づけられることとなったのである。

改革案によると、小学の課程は八歳から一五歳までであり（初級八～九歳、二級一〇～一二歳、三級一三～一五歳、さらに各級は上下二等に区分）、学科は全級を通して教門学・史学・地学・算学・語学・習字が置かれており、語学では二級から独逸語・英語・仏語が登場している。小学を卒業した者が中学に進学するとされたが、一六歳から二二歳までの七年間が修学期間とされ、小学と同様、初級、二級、三級に区分されたが（さらに各級は上下二等に区分）、小学と異なり各級の年齢は明示されていない。学科は初級及び二級では主に普通学が教授され、教門学・史学・地学・理学・算術・語学の六学科が置かれており、「二級生課程卒業ノ上考試ヲ経ヘ其天資適セシ専門学ニ就シメ[37]」とされて、最上級の三級では皇学科・洋学科・制度科・算学科・医学科の五専攻に分かれ、初級及び二級における普通学の基礎の上に各々専門学を選修することとなっていた[38]。つまり、中学の初級及び二級では普通教育を、最上級では専門教育を行おうとしていたのであり、普通教育と専門教育の両方を行う中学が構想されていたことが分かる。中学を卒えた者の中で、「其天資絶倫才気世用ニ適セシ者及ヒ勉強篤志実学成功ノ望アル者ハ教授ノ申達庁署ノ人撰ヲ以テ大学ニ貢進シ」とされ、それ以外の者は「他方ヱ留学或ハ官員ヱ抜擢」することとされた[39]。この改革案は、明治五年九月一日から実施の予定であったが、八月に「学制」が頒布されたため、実施には至らなかった。

改革案が発表されたのと同じ明治五年三月には、文部省の指示に従って、県当局は学校に関する取調書（同年二月時点の調査結果[40]）を提出している。これによれば、山口中学については次のように報告している。

周防国山口中学一箇所

国学教師　二人　　　　支那学　同　七人　　　　助読　三人
洋学教師　拾人　　　　撃剣　同　弐人
以上　弐拾四人
生徒総計六百人
　但夫々随学尤年々増減有之候事

また、萩中学については、

長門国萩中学一箇所
支那学教師　六人　　　　洋学　同　四人　　　　撃剣　同　二人
私塾引立　三人
以上　拾五人
生徒総計三百人
　但夫々随学尤年々増減有之候事

と報告し、さらに、山口中学の一部局であった山口洋学寮については、

周防国山口洋学寮壱個所

独逸教師　一人　　英　同　一人　　仏　同　一人
英仏通辞　二人　（未着）独逸教師　一人
以上　六人
生徒総計百四拾人

と報告している。この取調書から、文学寮の生徒数に限って見ても、山口中学の規模が萩中学のほぼ二倍であったことや、支那学教師や洋学教師の数が多いことから漢学・洋学ともに重視されていたこと、さらには武道の時間も存在したことが分かる。

第二節　「学制」頒布と山口県の中学校

一　「中小学章程」の制定

明治五年八月、「学制」と同時に発せられた「文部省布達第十三号」の「従来府県ニ於テ取設候学校一途ナラス加之其内不都合之義モ不少依テ一旦悉令廃止今般定メラレタル学則ニ随ヒ其主意ヲ汲ミ更ニ学校設立可致候事(41)」との規定によって、旧藩設立の諸学校はすべて廃校を命じられた。この事態に対処するため、明治五年一〇月、山口県当局は「学制」に準拠した「中小学章程」を制定し、山口・萩中学を「学制」が規定するところの変則中学に転換することとなった。

「中小学章程」は冒頭の「小学生心得書」に始まり、本文は五〇章構成であり、第一〜九章が学区関係、第一〇

〜三九章が小学関係、第四〇〜五〇章が中学関係となっている。まず、第二章で「管内ヲ四分シテ四中学区トシ毎区ニ一中学ヲ置ク山口萩岩国豊浦是ナリ」(42)とし、第四章では具体的中学区として、次の四中学区が示されている。(43)

第一山口中学附連

南吉敷　小学五所
三田尻　小学六所
都濃郡　小学五所
徳山　小学六所
徳地　小学三所
吉敷　小学六所

第二萩中学附連

奥阿武　小学五所
前大津　小学五所
美祢　小学五所
見島　小学一所
萩　小学九所

第三岩国中学附連
山代　小学五所
大島郡　小学三所
熊毛　小学五所
上関　小学五所
岩国　小学七所

第四豊浦中学附連
舟木　小学五所
吉田　小学五所
先大津　小学五所
豊浦　小学七所

この四中学区は、主として旧藩時代の藩域に配慮したものであり、第一・二中学区は旧山口・徳山藩域、第三中学区は旧岩国藩域、第四中学区は旧豊浦藩（長府藩）域を中心としていた。さらに、各中学区ごとに数十校の小学を設置し、合計一〇三校の小学を設置する計画であった。小学と中学の関係については、第三章で「小学生徒ハ必ス本区ノ中学ニ進ミ[44]」として、小学卒業生は同一中学区内の中学に進学するものとされた。第四〇章では「中学ハ其分附区内ノ小学ヲ経タル生徒十四歳ヨリ十九歳マテ在学六年トス、上下二等ヲ分チ毎等六級毎級六ヶ月普通科ヲ修スルヲ以テ法トス[45]」として、「学制」と同じ一四歳から一九歳までの六ヶ年の中学修学期間が示されたが、具体的学科名は明示されていない。これはさらに続けて、「書器等未タ備ハラス、其法悉ク遵行ス可ラサル所アルヲ以テ姑ク変則トナシ、在来ノ書ニ依リ教則ヲ斟酌シテ其業ヲ修メシムヘシ[46]」として、変則中学の設立が予告されていることと関係があるものと考えられる。変則中学の規定は「学制」第三〇章の「当今中学ノ書器未タ備ラス此際在来ノ書ニヨリテ之ヲ教ルモノ（中略）変則中学ト称スヘシ」を受けたものである。だが、変則中学とはいえ、「中小学章程」の第四九章では「教科変則ニ拠ルト雖トモ、皇漢洋ノ三籍偏習ノ弊ナカランコトヲ要ス[47]」として、教授内容のバランスに留意することとしている。

二　「学制」による変則中学の設立

明治五年九月、「文部省布達第十三号」を受けて、山口・萩中学の文学寮では、教員はすべて解任、生徒も一旦退学することとなり、学校経費の支給も打ち切られたが（山口中学洋学寮及び萩中学萩独逸寮については、外国人教師を雇用していたため、当分は存続が認められた）、未だ変則中学は設立されておらず、生徒は途方に暮れることとなった。このため、旧山口中学文学寮教員の岡村熊彦ら四名が県当局に対して、「此度学制御改革ニ付、来廿六日迄ニ引取候様御沙汰相成候処、生員之内ニモ新御規則被差出候迄空敷罷雪候モ残念之儀ニ付、拙者共山口住宅之儀ニ候得ハ、引続教育仕呉候様申出候付而者、子弟之交情不得已次第ニ付其儘承諾仕候処（中略）拙者共江拝借被差免被下候様奉願候[48]」との願を提出して、従来の校舎・設備の借り受け許可を求めた。これが認められた結果、変則中学設立までの暫定的措置として、旧山口中学文学寮の生徒に対しては授業が継続されることとなったのである。この移行措置が行われたのは、明治五年一一月に山口変則中学が設立されるまでの二ヶ月程度であったと考えられる。このように、山口中学の場合は廃校後も実際に授業が行われており、萩中学の場合も明治五年九〜一〇月ごろ迄という断絶の期間からして、変則中学との間に連続関係を認めても差し支えないであろう。

山口・萩変則中学についてはその実在を確かめ得るが、他の豊浦・岩国変則中学の実在については異説があり、実在を疑問視する見解もある。『山口高等商業学校沿革史』（七四頁）では四変則中学すべての設立を認め、『豊浦高等学校沿革史』（豊浦高等学校、一九六四、一三頁）では明治五年一〇月に三名の教員が任命されたとして豊浦変則中学の実在を主張し、『岩国高等学校九十年史』（岩国高等学校、一九六九、一五頁）では県学務記録を典拠として岩国変則中学の設立を認めている。これらの見解に従ったものか、神辺氏は山口・萩・岩国三変則中学の設立については肯定の立場に立っている。[49]一方、海原徹氏は「五年一一月豊浦・岩国両中学区では、これの設立が議せられるにとどまった[50]」として、主に史料的問題から豊浦・岩国変則中学についてはその実在を疑問視している。即ち、豊浦中学区については、明治八年四月の豊浦学舎設立に至るまで中等教育は存在しなかったとし、岩国中学区についても、小学専門家塾（明治五年二月、旧岩国藩設立の公中学校が改称）の「学制」による廃校以降、中学教育は行われなかったとの見解に立っているのである。

いずれにしても、実態が伴っていたのは山口・萩変則中学のみであった。なお、山口・萩中学の一部を構成していた山口中学洋学寮及び萩中学萩独逸寮については、外国人教師を雇用していた関係上、当分の間存続が認められていた。だが、明治五年一〇月、「文部省布達第三十五号」が発せられて外国人教師雇用の学校も廃校が命じられ、外国人教師の契約期間中の給与は国費から支給されることとなった。[51]これを受けて、県当局が文部省に申請したため、外国人教師の雇用契約期間中は授業継続が認められることとなり、両寮は官立学校と同等の扱いを受けることとなった。この結果、明治六年八月、山口変則小学（同年五月に山口変則中学が改組）洋学寮は山口英国語学所と改称して独立したが、同年一〇月にイギリス人教師ダルネーの辞任によって再び山口変則小学洋学寮に戻り、同七年八月には山口変則小学とともに廃校となった[52]。萩独逸寮は萩変則中学及びその後身たる萩変則小学の一部局であり、明治六年八月、萩独乙語学所と改称・独立したが[53]、同八年一月にドイツ人教師ヒレルの契約満期・帰国によって廃校となった[54]。

では次に、両変則中学の実態について見てみたい。まず、学科等の教育内容については史料的問題から詳らかにしえないが、変則という性格上、従前の中学時代と大差はなかったものと推測される。ただ、当時の山口県内にはまだ教員養成機関は未設置であったため（明治七年五月、山口に教員養成所設置）、変則中学は師範教育の役割も担うこととなり、生徒に習字・数学・地学・史学・理学・修身学を兼修させたことは注目に値する[55]。

生徒については、山口変則中学の場合、大部分は山口中学文学寮廃校後、元教員の岡村熊彦らに師事して勉学を継続していた者たちであったとされる[56]。このことから、山口変則中学入学生の大部分が旧山口中学文学寮の生徒によって占められていたと考えられ、山口中学から山口変則中学への生徒の移動が行われたといえる。生徒数は、山口変則中学の場合は六五名であり（明治五年の調査だが月日は不明、おそらく一一月と推測される）、このうち、士族出身は五七名（八七・七％）に及び[57]、この事実からも変則中学の性格の一端が窺われる。年齢については、山口変則中学の場合、上は二三歳から下は一一歳に及び、一六〜一七歳が最も多かったとされる[58]。

また、教員については、山口変則中学では岡村熊彦・松本源四郎・河野狷介・落合済三の四名が[59]、萩変則中学では中村百合藏・桂右衛門・桂六左衛門・高島張輔の四名が任命されている[60]。これら八名のうち、山口・萩明倫館時代からの教員は岡村・松本・中村・桂右衛門・高島の五名にのぼり、さらに八名全員が山口・萩中学文学寮の教員を務めた経験があり[61]、変則中学の設立に伴って、旧山口・萩中学文学寮の教員が再雇用されたものと考えられる。

教員の職名については、「是迄相定候教授助教共等級唱ヘ差障之儀有之候ニ付今般文部省ノ御定ニ随ヒ前断ノ通改称相成候[62]」との県布達によって、それまでの教授、助教（各々三等に区分）から大教授、中教授、小教授、大助教、中助教、小助教へと改称された。

従来の中学を「学制」による新学制に適合させるべく変則中学が設立されたものの、その財政基盤は極めて脆弱であった。当時、政府は小学校教育や師範教育の普及の為には強力な財政支援を行ったが、中学校教育については民意に任せ官費による財政援助を行わなかったため、変則中学は県立であったにもかかわらず、設立当初より財政困難な状況にあった。このため、財源として旧山口藩主毛利元徳からの寄付金（二、〇〇〇円）に依存する有様であった。そのうえ、生徒の学業の状況にも問題があり、旧中学の学科を修めた者たちばかりであったため、「学制」による新教則・新学科に適合できず、かといって年齢的に小学校には戻れない状況にあった。このようなわけで、明治六年五月、山口・萩変則中学は民費による変則小学に転換することとなったのである。

三　山口・萩変則小学の設立

明治六年四月、県当局は権令中野梧一及び七等出仕木梨信一の連名で「変則小学設立之儀伺」を文部省に提出した。これには「旧学校ニ於テ従来勤学ノ者年齢既ニ小学ノ限ヲ過ギ、其修行セシ所又今ノ学科教則ニ協ハス、悉皆進テ中学ヲ望ミ難ク、退テ小学ニ入リ難ク（中略）山口萩二ケ所ニ各一校ヲ設ケ、此際在来ノ書ニヨリ変則ヲ以テ其業ヲ修メ、公費ヲ仰カス姑ク別紙ノ規則ヲ定メ、仮ニ変則小学ト称シ、以テ尋常小学ト異ナル所以ヲ示シ[63]」とあって、変則中学の生徒の状況に問題があるとして、変則小学の設立を願い出ている。この願は明治六年五月に許可され、同年六月、県当局は改めて次のような「山口県下山口萩変則私小学開業願」を文部省に提出した[64]。

一学校位置
第四大学区山口県下第四中学区吉敷郡内旧藩中学校名ツケテ鴻城学舎ト唱フ
仝断第五中学区阿武郡内旧藩中学校名ツケテ巴城学舎ト唱フ
一一ケ年費用概略
金一千百円位
山口萩両校費用凡積略同員数
一教員履歴
（中略）
一教師給料
金六円五拾銭　上等月給
仝五円廿五銭　下等月給
一学科
一教則
一塾則
此三條五月中進達済
右之通開業仕度此段奉願候也
明治六年六月
長官

ここでは、山口・萩明倫館以来の中学を変則小学とすることや、山口変則小学を鴻城学舎、萩変則小学を巴城学舎と通称すること等が決められている。また、この開業願には学科や教則等の具体的内容が記載されていないため（現存するものは原本の写しと考えられる）、詳細は不明であるが、おそらく変則中学時代と同程度の教育内容であったと推測される。したがって、変則を名乗ったのは尋常小学の別形態という意味ではなく、小学の名を冠していても実際は中等教育程度の学校であったためと考えられる。ではなぜ、変則中学をわざわざ一段下の変則小学に改組したのであろうか。これについては、変則中学の入学者が少なかったため、変則小学に格下げすることによって入学者増をねらったことも理由の一つであったが、それに加えて先述のように旧中学で修学した士族の子弟に対し幅広く教育機会を与えることも目的であったと考えられる。

変則小学の学科は国漢学・算学・英学であり、文学・算学の二寮に分かれ、山口の場合は洋学寮（明治六年八〜一〇月の間は山口英国語学所、同六年一〇月に洋学寮に戻る）が、萩の場合は、萩独逸寮（同六年八月に萩独乙語学所となって独立するが、同八年一月に廃校）が付属していた。生徒については、変則中学時代の生徒がほとんどそのまま移行していたため、依然として新教則には適合できず、そのうえ、入退学が頻繁に行われて、学校基盤の確立とは程遠い状況にあった。教員については、「開業願」では山口変則小学に河野涓介・弘鴻・上司淵藏、萩変則小学に中村弼・桂香亮・高島張輔の名が見える[65]。このうち、変則中学時代からの留任者であることが明白な者は、河野・中村・高島の三名であり、他にもまだ留任者がいると考えられることから、多少の異動はあったが変則中学時代と大差はなかったものと考えられる。学校財源は寄付金、積立金、不要な敷地建物の売却代金、授業料等で賄わざるを得ず、不安定な状況にあった。

明治七年に入ると、佐賀の乱（二月）を始めとして不平士族の動きが慌ただしくなり、山口県下もこの動きに影響を受けることとなった。明治七年二月、前原一誠が県下の士族から応募した護国軍約千名の本部が萩変則小学に置かれたため授業ができなくなり、一時他に移転せざるを得ない状況に追い込まれたのはその一例である。[66]この間の事情について、「萩分校創立以降沿革概略」[67]では「校内総テ兵士ノ屯聚所トナル因テ暫ク教場ヲ熊谷町準圓寺（元精光寺）ニ移セリ」と記している。海原氏はすでに変則小学の設立に「不平士族慰撫の意図」があったとしているが、[68]変則小学が不平士族の拠点となる危険性も孕んでいたのである。このように、財政難ばかりでなく、変則小学の生徒の主たる出身階層である士族の動向も加わって、ついに明治七年八月、両変則小学は廃校となった。だが、明治八年一月には山口上等小学が、同年五月には萩上等小学が各々設立され、中等教育が復活することとなるのであった。

四　山口県における藩校から中学への転換の特質

以上の検討により、山口・萩明倫館が山口・萩中学と改称の後、廃藩置県による県立移管を経て県立山口・萩中学となり、その後「学制」頒布を受けて山口・萩変則中学に改組され、さらに山口・萩変則小学となるまでのおよそ四年間の過程が明らかとなった。神辺氏は「連続の実際については時系列を縦糸に、旧藩と中学校との関わりを横糸に交差させた」[69]として、藩校から中学校への連続性を測る尺度を三点あげている。即ち、時系列としては、間断の長短及び空白の時期をあげ、旧藩との関係としては、藩学遺跡の継承、旧藩主・旧藩士との関わりをあげている。この尺度を山口県の事例にあてはめれば、時系列については、断絶・空白の期間は山口・萩中学から同変則中学への間のわずか二ヶ月程度であり、これは新学制への準備期間と見なされ、本当の意味での断絶期間ではないと考える。また、藩学遺跡の継承については、四年間一貫して山口・萩ともに校地は明倫館跡が使用され、校舎についても若干の修補は行われたであろうが、大部分は明倫館の建物が使用されていた。さらに、旧藩主・旧藩士との関わりについては、山口・萩の変則中学及び変則小学はその主たる財源を旧藩主毛利本家の寄付金に依存しており、明倫館の後身の学校ということで生徒も旧藩士の子弟がほとんどであった。このように、三つの尺度のいずれをとっても連続性は濃厚であり、藩校から中学校へと転換した典型例としてあげることができよう。

山口・萩変則小学は、廃校後約五～九ヶ月間の空白期間を経て、山口・萩上等小学として復活し、その後、私立山口中学校及び萩分校、県立山口・萩中学校、県立山口中学校及び萩分校と変遷して明治一九年の「中学校令」公布を迎える。変則小学から上等小学への間にも空白の期間が存在するが、両上等小学はともに両明倫館跡に置かれ、上等小学には変則小学の卒業生を収容したとされるから[70]、この空白の五～九ヶ月間は連続したものと捉えて差し支えないと考える[71]。

神辺氏は山口・萩中学を含めた一八中学を藩校との連続性が濃厚な事例としてあげたうえで、その過程において洋学校を経由していることを指摘している。例えば、「藩学と連続すると言いながら、東奥義塾にしても米沢学校にしても漢学を主体とした近世の藩学に連なったのではなく、明治初期における藩制改革の一環として行われた洋学校に連なったのである。これまで述べてきた藩学と中学校の連続もこの種のものが多い。また漢学系の藩学に連なったものも廃藩、『学制』以降、一たん洋学校に転じてから中学校になったものが多いのである[72]」、「近世の漢学本位の藩学からの連続ではなく、幕末明治初期に生起した洋学校との連続性が強かったことに注意しなくてはならない[73]」として、藩校からそのまま中学校へと移行したのではなく、一旦洋学校へ転化していることを指摘している。

だが、この見解は山口県の事例には、必ずしもあてはまらないことが分かる。山口・萩明倫館では幕末より他藩に先がけて洋学を導入しており、山口・萩中学と改称すると同時に洋学寮を新設するなど、一貫して洋学教育には力を入れていたが、洋学校に転換したことはない。つまり、山口・萩中学に関していえば、一度も洋学校を経ることなく、藩校本体から中学校へと連続している。この点は山口県の事例の特色といえ、近世藩校教育から近代中学校教育への連続・発展の過程において、洋学校を経ずに転換していった事例もあることが明らかとなった。山口県の事例では、藩校本体から中学校へと直接に転換しているのであり、その分だけ他の事例より連続性が強いということができよう。さらに、藩校から中学校への転換の過程において、実態は中等教育程度の学校であったとはいえ、校名に小学を冠した学校を経ていることも山口県の特色といえよう。

注

(1) 神辺靖光「明治初期における藩立中学校」(『国士舘大学人文学会紀要』一三、一九八一)、同「藩学から明治の中学校への連続性に関する考察」(『国士舘大学人文学会紀要』一八、一九八六)、同『日本における中学校形成史の研究』(多賀出版、一九九三)、新谷恭明『尋常中学校の成立』(九州大学出版会、一九九七)。
(2) 「わが国における中学校観の形成(Ⅲ)――学制頒布以前の県立中学校――」(『東京文化短期大学紀要』第四号、一九八一)。
(3) 「藩学から明治の中学校への連続性に関する考察」。なお、同論文において神辺氏は、藩校と中学校との連続性を検討した結果、第一~五種に分類し、藩校から明治後期の中学校まで曲折を経ながらも間断なく連続した、最も連続性の強い例としての第四種(一三校)の中に、山口・萩中学を含めている。
(4) 『山口高等商業学校沿革史』(山口高等商業学校、一九四〇)、『山口県立山口高等学校百年史』(山口高等学校、一九七二)、『山口県立萩高等学校百年史』(萩高等学校、一九七三)。
(5) 神辺靖光「明治一〇年代における山口県の県立中学校」(『兵庫教育大学研究紀要』第一〇巻、一九九〇)。
(6) 明治二年六月の版籍奉還の際、萩藩は山口藩と改称していた。
(7) 明治元年一一月制定の「防長藩治職制」によって、両明倫館は教育行政機関の役割も担うこととなり、山口・萩学校と改称されたが、依然として明倫館と通称されていた。したがって、ここでは通称を用いた。
(8) 本山幸彦「中央の教育政策と地方中等学校の関係」及び海原徹「山口県の中等教育」(本山幸彦編著『明治前期学校成立史』臨

川書店、初版一九六五、復刻版一九九〇）。
(9)『日本近代教育百年史　三　学校教育（一）』国立教育研究所編集・発行、一九七四、二八〇頁。
(10) 小松周吉「中小学規則（明治三年）と地方学制改革」（『金沢大学教育学部紀要』第一三号、一九六五）。
(11)「明治初期における藩立中学校」、『日本における中学校形成史の研究』七四頁。
(12) 同前。
(13)「忠愛公伝」第九編第三章第五節、山口県文書館蔵。「忠愛公伝」とは、毛利元徳（忠愛公）の伝記稿本史料のことである。
(14)「忠正公伝」第二三編第四章第一節、山口県文書館蔵。「忠正公伝」とは、毛利敬親（忠正公）の伝記稿本史料のことである。
(15) 海原徹氏は、兵学教育に限って見ても「その教科内容には殆ど改変が加えられていない」と指摘している（「山口県の中等教育」）。
(16)『日本における中学校形成史の研究』七一頁。
(17) 同前、一一〇頁。
(18)「明治一〇年代における山口県の県立中学校」。
(19)「忠正公伝」第二三編第四章第一節、『山口高等商業学校沿革史』五八頁。
(20)「忠正公伝」第二三編第四章第一節参考資料、山口県文書館蔵。
(21)『山口高等商業学校沿革史』四七頁。
(22) 同前、五八頁。
(23)『山口高等商業学校沿革史』五八～五九頁。ただし、これら五名が山口中学の全教員ではなかったと考えられる。
(24)「忠正公伝」、「旧長藩諸臣一覧草稿」（山口県文書館蔵）、「忠正忠愛両公伝考証　二七一」（山口県文書館蔵）、吉田祥朔『増補防長近世人名辞典』（マツノ書店、一九七六）、『増補防長人物志』（マツノ書店、一九八四）、『萩藩給禄帳』（マツノ書店、一九八四）、『角川日本姓氏歴史人物大辞典　三五　山口県』（角川書店、一九九一）から判明。
(25)『山口県立萩高等学校百年史』三一頁。ただし、これら一三名が萩中学の全教員ではなかったと考えられる。
(26)「忠正公伝」、「旧長藩諸臣一覧草稿」、「忠正忠愛両公伝考証　二七一」、『増補防長近世人名辞典』、『増補防長人物志』、『萩藩給禄帳』、『角川日本姓氏歴史人物大辞典　三五　山口県』から判明。
(27)「中学記録　明治四年七月ヨリ」山口県文書館蔵。「考試規則」には日付は記載されていないが、藩庁印が押されていることから、廃藩置県直前のものと考えられる。
(28)「山口県の中等教育」。
(29) 林茂香「幼時の見聞」（『萩乃百年』萩市役所、一九六八、一一〇～一一一頁）。
(30) 田村貞雄校注『初代山口県令中野梧一日記』マツノ書店、一九九五、五八頁。

(31) 同前、七一頁。
(32) 『山口県教育史』上巻、三一八頁。
(33) 同前、三一九頁。
(34) 同前、三二二頁。
(35) 同前、三二四頁。
(36) 例えば、福井藩及び福山藩の中学（「明治初期における藩立中学校」）や岩国藩の「学校条例」（『日本における中学校形成史の研究』一五七～一五九頁）があげられる。
(37) 『山口県教育史』上巻、三二五頁。
(38) 同前、三二四頁。
(39) 同前、三二五頁。
(40) 同前、三六一～三六三頁。
(41) 『明治以降教育制度発達史』第一巻、教育資料調査会、一九三八、復刻版龍吟社、一九九七、三三八頁。
(42) 「中小学章程」写原本、山口県文書館蔵。
(43) 同前。
(44) 同前。
(45) 同前。
(46) 同前。
(47) 同前。
(48) 『山口高等商業学校沿革史』七一頁。
(49) 「明治一〇年代における山口県の県立中学校」。
(50) 「山口県の中等教育」。
(51) 『明治以降教育制度発達史』第一巻、三三八～三三九頁。
(52) 『山口高等商業学校沿革史』七八～八〇頁。
(53) 「自明治五年　至仝九年　文部省指令録」山口県文書館蔵。
(54) 『山口県立萩高等学校百年史』三八、四一頁。
(55) 『山口県政史』上巻、山口県、一九七一、二五七頁。
(56) 『山口高等商業学校沿革史』七四頁。

(57) 同前、七五頁。
(58) 同前、七五頁。
(59) 同前、七四頁。
(60) 『山口県立萩高等学校百年史』四一頁。
(61) 「忠正公伝」、「旧長藩諸臣一覧草稿」、「忠正忠愛両公伝考証　二七一」、『増補防長近世人名辞典』、『増補防長人物志』、『萩藩給禄帳』、『角川日本姓氏歴史人物大辞典　三五　山口県』から判明。
(62) 「変則中学教員左之通改称相成候事」明治六年二月（「山口県布達達書　明治六年　上下（正）」）山口県文書館蔵。
(63) 「自明治五年　至仝九年　文部省指令録」山口県文書館蔵。
(64) 「明治五六年　官省進達　学務課」山口県文書館蔵。なお、（中略）の部分には、山口変則小学の教員として河野狷介・弘鴻・上司淵蔵、萩変則小学の教員として中村弼・桂香亮・高島張輔の計六名の教員の略歴が記されている。
(65) 同前。人名表記は「開業願」の表記通りとした。なお、『山口高等商業学校沿革史』（八一～八三頁）では、これら六名の他に教員として七名の名前をあげている。
(66) 妻木忠太『前原一誠伝』（積文館、一九三四、復刻版マツノ書店、一九八五、九〇七頁）、『山口県政史』上巻（六八頁）。
(67) 「山口中学校本分校　明治十七年報」山口県文書館蔵。
(68) 「山口県の中等教育」。
(69) 「藩学から明治の中学校への連続性に関する考察」。
(70) 『山口高等商業学校沿革史』八八頁。
(71) 神辺氏は「藩学から明治の中学校への連続性に関する考察」の中で、「一年程度の空白は休学とみなして閉校としなかった」との見解を示しており、著者も五～九ヶ月程度は新学制への移行期間と捉えて差し支えないと考える。
(72) 「藩学から明治の中学校への連続性に関する考察」。
(73) 同前。

第二章　山口県の士族に対する教育授産の特質

問題の設定

明治初期、士族をめぐる問題は国家の将来にも関わる重大な政治・社会問題であった。このため、士族対策の一環として、政府や府県・旧藩系の各種団体は様々な士族授産事業を行っていた。このような士族授産についての従来の研究動向を見ると、産業史や制度・政策史研究が中心となっており[1]、教育的側面、即ち教育授産（士族子弟のための学校設立や育英事業を指す）を対象とした研究はごくわずかにすぎず、教育史的アプローチは必ずしも十分とはいえない。確かに、士族授産は明治初期の社会政策あるいは産業発展と大きな関わりを持っていたが、教育に与えた影響も決して小さくはない。藩校から明治期の中学校へと連続した事例[2]や旧藩関係者による中学校設立の事例[3]が存在することや、明治期の中学校在籍者に占める士族出身者の割合[4]を考える時、士族の存在が近代日本の中等教育を方向づけたといっても過言ではないといえる。つまり、明治初期における中等教育の形成を論じようとすれば、士族授産の問題は避けて通ることのできない課題といえるのである。

教育授産を扱った代表的な先行研究としては、天野郁夫『学歴の社会史』（新潮社、一九九二）や渡邊（旧姓中川）言美「防長教育会の設立過程における『教育授産』の理念[5]」、同「防長教育会による育英事業の展開――山口高等学校廃止前を中心として――[6]」、同「士族授産から育英事業への展開過程――防長教育会を中心として――[7]」があげられる。さらに、各県の教育史や各高等学校史においても断片的に教育授産について触れたものがある。これらの中で、天野氏は防長教育会や山口高等中学校（山口高等学校）に代表される「山口県の教育熱[8]」を旧長州藩関係者による教育努力、即ち教育授産であったと捉えており、山口県の教育授産事業の特異性に注目しているが詳細な検討はなされていない。また、渡邊氏の三論考はいずれも山口県を直接の対象として、教育授産の理念形成や防長教育会の育英事業の展開について検討している。だが、渡邊氏の研究関心は主に防長教育会の育英事業に向けられているため、教育授産としての学校設立についての検討にまでは及んでいない。

一般的に、教育授産事業は二つの表裏一体の内容からなっていたと考えられる。第一に士族子弟に対して教育機会を与えるための最有効策としての学校、特に中学校設立ということであり、第二にその学校で学んだり、上京遊学する子弟に対しての授業料減免や学資金支給ということであった。これら二つの内容を考える時、渡邊氏の研究は主に後者について明らかにしたものということができ、これに対し、前者の一端を明らかにしようとするのが本章の目的である。

また、中等教育史の分野では、神辺靖光「藩学から明治の中学校への連続性に関する考察」や新谷恭明『尋常中学校の成立』が、明治初期における中学校教育の形成過程を、近世教育と近代教育の連続性の問題の中で明らかにしているが、(9) 教育授産との関わりにまでは検討が及んでいない。だが、士族が中等教育の形成に対して与えた影響の大きさや中等教育形成の特質を明らかにするためにも、教育授産についての検討は極めて重要であるといえる。

山口県では、他府県と比較して最も早く士族授産事業が開始されており、政府の奨励策に先行する形で県独自の事業として開始された点に特徴がある。勧業局に始まる授産機関が授産事業を打ち出していくのだが、その過程で学校設立も行われている。また、維新勢力の中心となって幾多の人材を中央政界に輩出したという特殊事情もあり、県出身の政府要人たちも郷里の教育には大きな関心を持ち、直接的あるいは間接的に関わっていた。このため、教育授産事業の具体的方策としての学校設立も特異な過程をたどることとなる。山口と萩に上等小学なる学校(「学制」に規定されたものとは全く異なる)が各一校設立され、それと同時に萩には読書場も置かれて教育授産事業が始まった。この上等小学は他府県に例を見ない山口県独自の学校であり、また、士族子弟の年長者を対象にした読書場も特異な施設であり、山口県の場合、年少者対象の教育のみならず、一種の成人教育までも行っていたのである。このように、旧藩の影響力が大きく残存していた明治初期の山口県は、教育授産研究の対象地域として多くの課題性を有するのである。なお、ここでいう明治初期の山口県とは、明治一一年五月の山口中学校及び萩分校の設立までを指している。

そこで、本章では、山口・萩上等小学及び萩読書場の設立目的や教育活動を検討することによって、教育授産の特質や教育史的意義を明らかにするとともに、教育授産が進学教育の形成に果たした役割についても明らかにする。その際、教育授産によっていかなる人材養成を目指していたのかという「人材養成観」にも触れることとする。

第一節　山口県における士族授産の特質

明治初期の相次ぐ政治改革の中で士族の特権は剥奪され、藩の解体によって生業までも失うこととなった。これら一連の大改革は維新の中心勢力となった山口県においても例外ではなく、むしろその微妙な立場ゆえに、山口県の士族の心境は複雑なものであったと考えられる。士族という族称が登場するのは、版籍奉還直後の明治二年六月の「行政官達」によってであるが、諸藩の一門及び家老以下の大名家臣団、旧将軍家臣団、公家臣下の武士、郷士の一部、神職等を包含する階層とされた。だが、士族の族称が登場した当初は、旧武士身分以外の者から士族への流入が見られた一方、旧武士層から平民への流出も見られた。(10) さらに、士族の統計上の取り扱いについて府県間でばらつきがあったという問題も指摘されている。(11) したがって、旧武士＝士族と単純には断言できないのだが、旧藩士層が士族の中心をなしていたことは間違いない。階層としての士族が武士身分と大きく異なるのは、かつての武士のように複雑な区分が内部に存在せず、士族として一括されていたことである（なお、明治二年一二月〜同五年一月の間、一時的に足軽等の軽輩身分の者が卒族とされたが、最終的に世襲の者は士族に編入された）。

では、明治初期の山口県にはどのくらいの数の士族がいたのであろうか。山口県は、山口藩[12]の後身たる山口県、豊浦藩の後身たる豊浦県、清末藩の後身たる清末県、岩国藩の後身たる岩国県が統合されて明治四年一一月に成立した。明治二〜三年にかけての各藩の調査結果をまとめた『藩制一覧』[13]によれば、四藩総計の士族数（卒族も含む）は七万二、九七五人となる。この統計は旧藩時代最末期のものであるが、山口県成立直後の明治六年時点では県内の士族人口は七万一、七七六人となっており[14]、これらのことから明治初期の山口県にはおよそ七万二、〇〇〇人程度の士族（明治二年一二月〜五年一月までは卒族も含む）がいたものと考えられる。人口比率で見れば、明治六年の県内総人口が八三万六〇〇人であることから[15]、士族率は八・六％となり、同年の日本総人口に占める士族率の五・七％と比べて[16]、やや大きかったといえる。

だが、帰農商や分家等の理由で平民籍に編入された旧武士身分の者も少なからずいたことや統計上の問題もあって、実際は統計上の士族数をかなり上回る士族授産対象者がいたことが指摘されている[17]。つまり、統計上の士族のみが授産の対象者だったのではなく、平民に移籍した旧武士身分の者も対象とされたのである。この点について、士族授産対象者とされた旧武士身分の者は、統計上の士族の約二倍は存在したと推測する先行研究もある[18]。したがって、山口県の場合も、士族人口を上回る数の授産対象者が存在したものと考えてよいであろう。

一般的に、士族授産事業はその実施主体によって、政府、藩または府県、民間の個人または団体によるものの三種類に区分され、その方法についても、生産技術を授けるもの、事業に使役することで就業機会を与えるもの、就産を誘導しまたはこれに対し直接間接の援助を与えるものの三種類に区分される。[19] 実施主体について見れば、政府による授産事業は明治三年一二月から始まり、本格化するのは同一二年以降である。だが、これとは別に各府県では旧藩主からの寄付金や旧藩時代の備蓄を基に県単位の授産事業が始まっていた。

山口県の士族授産は、士族対象の授産及び農商民対象の殖産興業を行う機関として、明治六年一一月に勧業局が設置されたことに始まる。[20] だが、教育授産に限って見れば、この前年の七月に権令中野梧一から政府に宛てて禄制問題に関する意見書である「士族卒給禄ノ儀ニ付山口県ヨリ建言書」[21] が提出されていた。この中で「天下ノ士卒タル者現今家産ノ有無ヲトワス徒ニ後来ノ活計ニ苦心スルノミナラス更ニ子弟ノ教育ニ心ヲ用ユル者ナシ実ニ国ノ為長大息スヘキ事ナラスヤ[22]」として、士族の実態を批判したうえで、彼らの子弟にとっての教育の重要性を訴えている。さらに、勧業局設置に先立って明治六年七月に発表された「勧業局趣意書[23]」では、「宇内文明日に進むの際士民智識を開き才芸を長する学校の設け無るへからす」として、士民に対して教育の必要性を説いた上で、勧業局がその資金で学校を設立することを謳っていた。勧業局は十分な成果をあげるに至らず、「趣意書」の計画は具体化しなかったが、士族のみならず平民にとっても、「生産営業の基[24]」の一つとして教育が重視されていたことは注目に値するといえよう。士民にとって教育とは生産活動の基礎をなすものと見なされていたのであり、他に有効な生産手段を持たない士族にとってとりわけ大きな意味を持っていたのである。

明治七年一一月、勧業局は士族授産事業を扱う授産局と農商民対象の協同会社とに分離された。この背景には郷里の士族問題に最も心を砕いていた木戸孝允や井上馨の動向が大きく関わっていた。[25] 木戸が授産局総裁に就任し、井上は授産局の規程である「授産局章程」を起草したという事実がこのことを物語っている。授産局は形式的には私立の機関であったが、県庁で県吏が事務を執っていたため、事実上県の機関と大差はなかった。授産局の事業としては、困窮士族対象に桑・茶等の栽培を行わせたり、他府県への移住を勧めたりしたことがあげられるが、一方では困窮士族の子弟教育にも力を入れており、教育資金としては、勧業局の資金を分割した二五万円の他、旧藩主毛利家からの年三、五〇〇石の寄付米（賞典禄の一部）と奏任官以上の県出身在京官員からの出資金とをあてることとされた。

「授産局章程」では「活計アル人等救助スルコト決シテ相成ラス、只困窮無活計ノ人ノミヲ相救助スルノ主意ナリ」[26]として、授産事業の対象を困窮士族に限定していたが、士族の土着に重点を置いた事業内容は思いつくまま書かれているという感が強いとされる。[27]最後の部分に教育授産のことが登場するが、教育資金の由来が述べられたうえで、「右集金ヲ以テ其方法ヲ立テ、以テ士族中困窮セル者ノ幼年子弟ヲシテ学問ニ従事セシメ、天賦ノ識力ヲ磨カシムルノ一大慈心ナリ」として、困窮士族の子弟に限っての教育授産であることが強調され、さらに続けて「人々各自勉強独立ノ心志ヲ起シ、克ク国法ヲ守リ己レカ勉強力ヲ以テ百事ニ堪ヱ忍ヒ、自主自立他人ノ助ケヲ仰カス、天分ノ職ヲ尽シテコソ終ニ一村一郡ヨリ日本全国ノ富饒ヲ致スノ元根ナリ」として、教育授産の目的が示されている。[28]ここでは、教育が個人の自立のみならず地域あるいは国家の繁栄をもたらすものとされている点が注目される。さらに教育授産の具体策として、「困窮子弟ノ受業料又ハ筆墨紙等買入相渡スヘシ」[29]という就学援助を行ったうえで、「一右金ヲ以テ山口エ上等小学一ケ所萩エ同一ケ所読書場一ケ所ヲ建築スヘシ但読書場ハ数年ノ後廃止スヘシ、一別ニ一場ヲ開キ新訳書新聞紙等ヲ買入レ展覧ヲ請フ者ハ場中ノ規則ニ随ヒ勝手ニ之ヲ読マシメ又場中ニ算術ノ一課ヲ立テ置キ志アル者エ教授スヘシ」[30]として、山口・萩に上等小学を設立し、これに加えて萩には読書場を設立し、さらに訳書や新聞を展覧する施設も置くものとされていた。

これらの計画に従って、教育授産事業は具体化していくこととなるが、山口県の士族授産では、他府県と同様な帰農商政策や開墾移住、産業育成等の施策ばかりでなく、教育を重視している点が注目される。即ち、独自の士族授産機関として授産局が設立され[31]、その事業の一つとして教育事業が位置づけられて、他の事業と同列的・並行的に行われたことが特質といえ、他府県と比較して教育授産の占める割合が大きかったといえるのである[32]。このような特質の形成にあたっては、郷里の士族問題を最も憂慮していた木戸・井上の関与や旧藩主毛利家の存在が大きく影響したものと考えられる。

明治七年一二月には県令中野梧一より「山口上等小学萩読書場開設ニ付各人学事心得方ノ義ニ付達[33]」が出されて教育授産事業が本格化していく。「達」ではまず教育資金の由来について触れた後、「山口萩両所ニ於テ上等小学ヲ建設ス上等小学ハ則チ県下一般ノ子弟追々下等小学卒業ノ者ヲ貢進肄業セシムル所ノ学場ニシテ目下一日モ緩ス可カラサル者ニ付先ツ之ニ充行ヒ[34]」として、「県下一般ノ子弟」を対象とした上等小学の設立が公表された。さらに続けて、「其餘資ヲ以テ更ニ萩地ニ於テ読書場ヲ設ケ年長シ学ニ就ク者ヲ教ヘントス又更ニ書籍展覧場ヲ開キ訳書新聞等ヲ買入レ展覧ヲ請フ者ハ場中ノ規則ニ随ヒ之ヲ読マシメ又場中ニ算術ノ一課ヲ立テ志アル者ヘ教授スヘシ[35]」として、萩に読書場及び書籍展覧場を置くことが明らかにされた。また、困窮士族の子弟に対しては授業料免除や紙筆墨の給与までも行うものとされていた。これらは「授産局章程」の構想がそのまま実行に移されたものであり、井上の考えに従って教育授産が始まったことが分かる。

第二節　山口・萩上等小学の設立とその実態

一　山口・萩上等小学の設立

「学事心得方ノ義ニ付達」が出された明治七年一二月には、「山口上等小学々舎落成ニ付来ル明治八年第一月ヨリ開校候條[36]」とする県布達も出されていることから、山口上等小学は翌八年一月には開校したものと考えられる。この県布達では「萩上等小学并読書場書籍展覧場ノ儀ハ校舎落成ノ上開校期限追テ可達候事[37]」とされていたが、明治八年五月の県布達に「巴城学舎土木己ニ成リ本月下旬開校ノ筈ニ付[38]」とあることから、萩上等小学もこの月の下旬には開校したものと考えられる。なお、両上等小学開校の間の明治八年三月には「萩ニ在ルモノヲ巴城学舎山口ニ在ルモノヲ鴻城学舎ト相称候条[39]」との県布達が出されて、各校の通称が決められた（以下、一般的に使用された通称で表記）。

両学舎の設置場所は、鴻城学舎については旧山口明倫館文学寮の南端部を占めていたとされ[40]、巴城学舎については、木戸の日記に「旧明倫館内新築の正則小学校新聞其外新訳書等読書場等の地場其外を見分し」（明治七年一一月二四日）[41]とあることから、旧萩明倫館の敷地が使用されていたことはまちがいない。両学舎とも藩校から変則小学に至るまで使用された由緒ある場所を選んだのであった。また、校舎については、変則小学の教場・寮舎の修理に加えて、校舎の新築も行われており、明倫館以来の校舎群は面目を一新することとなった。鴻城学舎の場合、校務所一棟を中心に教場二棟と寮舎三棟が置かれ[42]、巴城学舎の場合も、幹事局（のち校務所と改称）の建物を中心に校舎や読書場・書籍展覧場の建物が配置されていた[43]。

明治三年一一月に山口・萩明倫館が山口・萩中学と改称されて以降、山口・萩変則中学、山口・萩変則小学と変遷し、同七年八月に両変則小学は一旦廃校となったが、ここに上等小学として再興されたのであった。変則小学から上等小学への間に約五～九ヶ月間の空白が存在するが、上等小学には変則小学の卒業生を収容したとされることや同じ敷地を使用したこと、修補をしたとはいえ同一の校舎も使用していたこと等から、完全な断絶ではなく新学制への移行期間であったと捉えてよいであろう。

二　教育の実態

鴻城学舎は授産局の経営によるものとして設立されたが、授産局自体が県令の管轄下にあって県の機関と大差ない存在であったため、県立学校と同様に扱われていた。だが、県費支出はなく、財源には授産局資金の中の教育資金があてられていたため、明治八年四月からは毛利家の経営に改められることとなった（同年五月開校の巴城学舎は当初より毛利家の私立）。これは教育資金の大部分が毛利家の寄付（当初、年三、五〇〇石の寄付米であったが、明治九年一二月からは年額三、〇〇〇円の寄付金に改められた）に拠っていたため、学校の性格を明確化させるためと旧藩士の子弟に対する学資援助の便を考えての措置であったと考えられる。だが、私立学校となってからも県立学校的存在は失われておらず、このことは明治一〇年八月に旧藩主毛利元徳から元県権参事の吉田右一に対し「右鴻城巴城両学舎ノ費用会計上兼テ委託候ニ付テハ人撰其外該校江関スル一切ノ事務ヲ責任ト心得万事ヲ處置可致此段申入候也」(44)として、事務が委任されていることからも分かる。吉田は当時県吏を辞任してはいたが、授産局の後身たる士族就産所（明治九年八月に授産局が改組）の頭取であり、私立学校となってからも授産局あるいは士族就産所が両学舎の管理・運営を引き続き行っていたのである。

生徒の入学資格は「生徒入塾并ニ日通生心得箇條[45]」によれば、「第一條一身体健康ニシテ年齢十四歳以上ノ者、第二條一天然痘或ハ種痘ヲ為セシ者、第三條一十八史略日本外史ヲ方ニ纔ニ独見シ得ル者、第四條一珠算両算ニ抱ハラハ方ニ纔ニ加減乗除ヲ解シ得ル者」とされて一定の入学基準が決められていた。だが、明治七年一二月の生徒募集の県布達では、「一元来此校生徒ハ下等小学正則課程卒業ノ上進修スヘキ学科ニ候得共現今ハ正則施行ノ当初ニテ其課程ヲ卒業ノ者無之カ為メニ乃チ従前小学変則ノ課程ヲ卒業致候乎又ハ是迄ノ公学家塾等ニテ旧来ノ学ヲ習ヒシ者ヲ教授セシメ候ニ付各地ニ於テ右等ノ子弟有之候ハ、速ニ可罷出候事[46]」とされて、旧変則小学卒業者または公学・家塾等で旧来の学科を修めた者を入学させるとしていたことから、実際の入学者のほとんどは旧変則小学に学んだ者たちであったと考えられる。入学に際して、先の生徒募集の県布達には、「入学志願之者ハ別紙箇條ヲ心得同月十五日迄県庁学務掛へ可罷出候[47]」とあることから、入学試験は実施されず、本人の申請によって入学を許可したものと考えられる。

このため、入学は比較的容易であったが、士族子弟を主対象とした学校の性格上、むしろ経済的理由で就学困難な者に対する対策が必要であった。これを受けて物品貸与や授業料免除、さらに学資金給与などの支援措置が講じられていた。「生徒入塾并ニ日通生心得箇條」には「貸渡諸品」として「学課上所需ノ高机椅子并ニ書籍ノ類」及び「油炭并ニ燈台食器ノ類」があげられており[48]、教科書等の書籍も貸与されていたことは注目される。[49]さらに、「学資金給与概略[50]」では、まず第一条で「士族ノ子弟年齢満六歳以上小学家塾ニ就学スル者其父兄貧ニシテ学資ニ苦シム者へ年々子弟人別へ次條ノ如ク給与スヘシ」として、困窮士族子弟対象ということを断ったうえで、六歳以上で小学・家塾に学ぶ者に学資金を給与するとしている。続く第二条では、「貧困家ノ子弟へ受業料ヲ給与シ極貧ナル者へ受業料紙墨筆ノ費ヲ給与スルモノトス」として授業料及び文房具代支給を規定し、第四条では「山口萩上等小学英独学校読書場等ニ入ル者ハ貧富族籍ヲ問ハス受業料ヲ納ニ及ハス」として、両学舎や萩読書場では全ての生徒から授業料を徴収しないこととしている。[51] これら一連の経済的支援措置から、いかにして困窮士族の子弟に就学機会を保障するかということが、教育授産の大きな課題であったことが分かるのである。

入学定員は規定されていなかったようであるが、具体的生徒数は、明治八年時点で鴻城学舎一二〇名・巴城学舎一三〇名であり（すべて男子、以下同じ）、九年は一三〇名・一〇三名、一〇年は一四五名・一〇三名となっていた。[52] 生徒の出身地については、「巴城ハ通学ノ便ヲ得故ニ寄宿生二十名ニ過キス鴻城ハ寄宿生殆ト百名ニ至ル是レ皆管下各地ヨリ遊学スルヲ以テナリ」[53]とされていたが、巴城学舎の場合、萩町内からの通学生がほとんどを占めていたため寄宿生が少なかったのに対し、鴻城学舎の場合は全県下から生徒が入学していたため寄宿生が多かったと考えられる。

これら生徒の中で士族の子弟はどのくらいの割合を占めていたのであろうか。具体的数字は明らかではないが、巴城学舎の場合、明治八年六月に「県庁ヨリ第廿大区長ヲシテ平民ノ子弟ニテ学ニ志アル者ハ本校ニ入学スベキ旨ヲ町村ニ諭告セシメラル当時生徒中未タ一人ノ平民アラザレバナリ」[54]として、わざわざ平民子弟の入学を奨励しており、開校直後とはいえ、生徒全員が士族の子弟であったことが分かる。おそらくこの後も圧倒的な士族率はほとんど変化しなかったものと考えられ、鴻城学舎も同様な傾向であったと考えられる。実態はこのようなものであったが、教育授産の目的を持って設立されたにもかかわらず、表面上は平民にも開かれていたという点からも両学舎の特質を見ることができるのである。

教員については、明治八年の教員数は鴻城学舎七名・巴城学舎九名（すべて男子、以下同じ）、九年は両学舎とも七名、一〇年は両学舎とも八名となっていた。[55] これら教員について明らかにしたものが第2表である。

第 2 表　山口・萩上等小学（鴻城・巴城学舎）教職員一覧

鴻城学舎教職員一覧

氏　　名	職務・担当学科等	備　　　考
長屋　又輔	初代（明治 8 年 1 月就任）及び第 3 代校長（同 9 年 10 月就任），県学務掛 13 等出仕との兼任	萩藩士出身
桂　路祐	第 2 代校長，明治 8 年 4 月巴城学舎初代校長（県学務掛 13 等出仕との兼任）より転任，鴻城学舎が毛利家の私立学校となるに伴い専任校長となる，同 9 年 10 月萩区長に転任	萩藩士出身，安政年間に長崎で蘭書・航海術を学ぶ，万延元年江戸の蕃書調所に入り，さらに箱館で英語も学ぶ，明治初年の萩中学で英学を教える
大窪　實	明治 8 年 1 月の開校とともに着任，英語・英学を担当，約 5 年間在任	石川県士族出身，明治 7 年 4 月に 20 歳 2 ヶ月で慶應義塾入塾，同年 7 月変則卒業
大野　太衛	開校とともに，山口県教員養成所幹事兼教師から転任	徳山藩士出身，中村正直の同人社に学ぶ
弘　鴻	幕末期～明治初期の長州藩内有数の数学・暦学者，数学を担当	萩藩士出身，和洋算・蘭学・測量術を学ぶ，慶應 3 年に山口明倫館助教，同 4 年 7 月には同館教授に就任，数学を担当，山口中学助教及び山口変則小学 1 等教師にも就任
佐々木　一介	開校とともに，山口県教員養成所幹事兼教師から転任	
増野　精亮		
藤田某		
恩田某		
大草　天堂		
近藤　芳介		山口の神職出身，幕末に山口明倫館助教を務める

巴城学舎教職員一覧

桂　路祐	初代校長（県学務掛 13 等出仕との兼任）として開校準備にあたる，鴻城学舎校長に転任	前　　出
長屋　又輔	鴻城学舎初代校長から明治 8 年 4 月第 2 代校長に就任（県学務掛 13 等出仕との兼任），同 9 年 10 月鴻城学舎校長に再任	前　　出

中村　雪樹	明治9年6月第3代校長に就任，萩の乱に際して身をもって学校の蔵書を守ったと伝えられる	萩藩士出身，吉田松陰に兵学を学ぶ
吉賀　公介	明治8年5月教師校監執事に就任，同年9月校監兼教師に就任	
河井　惣太	明治8年5月教師校監執事に就任	萩藩士出身，明治3年ごろ松下村塾で教えた経験あり
増野　精亮	明治8年5月教師校監執事に就任，のち鴻城学舎教師として転出	
溝部　惟幾	明治8年5月副教師兼校監執事に就任	
湯浅　之敦	明治8年5月校監執事試補に就任	
塩路　尹政	英語・英学を担当	和歌山県出身
那珂　通世	明治8年5月着任（25歳），月俸50円，英語・英学を担当，1年間勤務の後に同9年6月帰京	南部藩士出身，明治6年5月に23歳で慶應義塾に入塾，同7年7月変則卒業
荘原　虎之進	明治8年8月着任，英語・英学を担当	山口県士族出身，明治6年8月に22歳で慶應義塾に入塾，同7年7月変則卒業
渡邊　丙吉	明治8年8月教師として着任	萩藩士出身，蘭学・洋式兵学を学ぶ，過去に萩中学洋学寮に勤務
横山　俊彦	明治8年10月校監に就任	萩藩士出身，明倫館・松下村塾に学ぶ，萩の乱の首謀者として処刑される
久芳　正吉	明治8年10月校監に就任	

（注）「山口中学校本分校　明治十七年報」山口県文書館蔵，安藤紀一編「萩史料」1935，『創立六十年史』（山口県師範学校，1934），吉田祥朔『増補近世防長人名辞典』（マツノ書店，1976），『角川日本姓氏歴史人物大辞典　35　山口県』（角川書店，1961），『萩藩給禄帳』（マツノ書店，1984），『阿武郡志』（阿武郡教育会，1927，復刻版マツノ書店，1986），『萩乃百年』（萩市役所，1968），『萩市史』第2巻（萩市，1989），末松錦江『防長人物百年史』（山口県人会，1966），弘美知生『弘鴻の生涯とその事績』（私家版，1961），『山口県立山口高等学校百年史』（山口高等学校，1972），『山口県立萩高等学校百年史』（萩高等学校，1973），海原徹『松下村塾の明治維新』（ミネルヴァ書房，1999），「卒業生名簿」（福沢関係文書マイクロフィルム，慶應義塾大学三田メディアセンター蔵），『慶應義塾入社帳』（慶應義塾，1986），『慶應義塾百年史』付録（慶應義塾，1969），丸山信編著『福沢諭吉とその門下書誌』（慶応通信，1970），丸山信編『人物書誌体系30　福沢諭吉門下』（日外アソシエーツ，1995），大窪實「有言実行の先生」（『慶應義塾誌』慶應義塾，1922），『那珂通世遺書』（大日本図書株式会社，1915），「故文学博士那珂通世先生小伝」（『歴史地理』第11巻第4号，1908）より作成。なお，渡邊丙吉については「山口中学校本分校　明治十七年報」には「平吉」とあるが，明らかに誤りと考えられるため訂正した。また，各人の在職期間は不明であるが，表中の人物がすべて同時期に在職したわけではない。さらに，巴城学舎の初代校長の桂については，同校が開校したのは明治8年5月と考えられることから，初代校長とはいっても実際は県吏との兼務によって開校準備にあたったものと考えられる。第2代校長の長屋についても明治8年4月に着任し，1ヶ月後の開校を迎えたと考えられる。なお，空欄は史料的問題から不明の部分である。

まず、校長については、両学舎間で異動が行われていたため合計三名であり、すべて萩藩士の出身であった。このうち、長屋と中村は県吏を歴任した人物であり、桂についても一時期萩中学に勤務した経験はあったが、政府の紙幣寮を辞職して巴城学舎の校長に就任していることなどから、基本的には官吏出身者と考えて差し支えないであろう。一般教員については、担当学科が判明する者はごくわずかであるが、山口・萩中学、山口・萩変則中学、山口・萩変則小学といった学校に過去勤務経験があることが明白な者は弘と渡邊の二名に過ぎず、ほとんどの者が学校開設に伴って新採用されたのではないかと考えられる。この中で特に注目されるのは三名の慶應義塾出身者である。大窪は一番早く、鴻城学舎開校と同時に赴任しており、五年間という比較的長期間勤務していた。赴任の経緯については、後に回想録で次のように述べている。(56)

私は明治七年に卒業しました。其暮、山口県の藩主が賞典禄――島津と毛利とが十万石宛――の内三千石《ママ》を割いて、旧藩の子弟のために、木戸孝允の発議で、山口に学校を建てることになりました。其時分は、前原一誠が萩に居て、頑固な事を言つて、仕様がない頃で、木戸の意見で、西洋の文明を注入しなくてはいけないと、毛利公に私見をもち出して、文明の空気を吸はせるため、どうか西洋事情に通じた教師を聘したいと云つて、文部大丞の野村素介が山口県出身なので、此人に人選を依頼されました（中略）先生の所に、そう云ふものはないかと云ふ事を云つて来た。先生の方には、「いくらもある。調べて見よう」と云はれたそうで、其時先生は、私に往けと仰有つた。私は一年ばかり往つて見ませうと云ひました。――私は洋行の出来る方面に出たいと思つて居たが、それは何時でも行ける。木戸さんと知合になつておくと、また都合のよい事もあらうと思つたのでした。

ここでは、木戸の発案で上等小学が設立されたこと、その教師として「西洋事情に通じた教師」が求められていたこと、そして師の福沢諭吉の命によって自分が赴任することになった事情が述べられている。那珂通世は後に東洋史学者として令名を馳せた人物であり、巴城学舎赴任当時は弱冠二五歳であったが、その月俸は校長よりも高額であったといわれる。この那珂についても、大窪の回想録に「こんな調子で人不足、塾からもう一人と云ふ事になつた時、来たのが故那珂通世さんでした。人が段々いると云ふ事をきかれた時、先生は満足せられたそうです[57]」とあって、英学教師の需要が多かったために二人目として那珂が赴任した事情も語られている。ただし、那珂の人選については、養父通高と木戸の間に親交があったことも影響したのではないかと考えられる。さらに、巴城学舎にはもう一人、地元出身の荘原虎之進がいたが、これら三名は明治七年七月卒業という慶應の同期生であった。慶應出身教師の存在は、両学舎が藩校明倫館以来の伝統を継承しつつも西洋の学問を教授する場であったことや、上等小学という校名とは異なり紛れもなく中等程度の学校であったことを物語っているといえる。これらのことは後に検討する学科課程や教科書等からも首肯される。

では次に、学科課程はどのようなものだったのだろうか。巴城学舎については明治八年八月制定の「巴城学舎諸則」（以下、「諸則」と略記[58]）が残存しており、鴻城学舎のものもこれと大差ないと考えられることから、巴城学舎について検討していくこととする。当初、県当局は明治八年五月に「巴城学舎諸規則」（以下、「諸規則」と略記[59]）を制定し、「学科ヲ上下両等ニ分チ、毎等ニ六級ノ程ヲ定メ、一級一期ノ習業トシ、上下等合セテ在学六ケ年ヲ以テ期限トス、但シ一年ヲ二期ニ分チ即チ六ケ月ヲ以テ一期トナス」（「諸規則」第二条）として、最下級の下等六級から始まって半年ごとに進級し、最上級の上等一級卒業までの六年間を修業年限と規定していたが、生徒の学力差という実際問題からこの規定通りに運用することは困難な状況にあった。そこで、生徒の実態に適合するように、学校独自に暫定的に制定したのがこの「諸則」だったのである。

「諸則」では教則第一条に「本校入学ノ者ハ各級卒業ノ後各専門好尚ノ学科ヲ択ハシメンカ為広ク各国ノ史藉ヲ雑ヘ先ツ一般普通ノ学科ヲ授クルモノナリ」という教育目標が掲げられており、将来専門学を学ぶための基礎として普通学を教授することとしていた。このことから、小学の名を冠してはいても、実際には高等教育機関への進学を意識していたものと考えられる（『文部省第三年報』～『文部省第五年報』には両学舎は中学校として登記されている）。

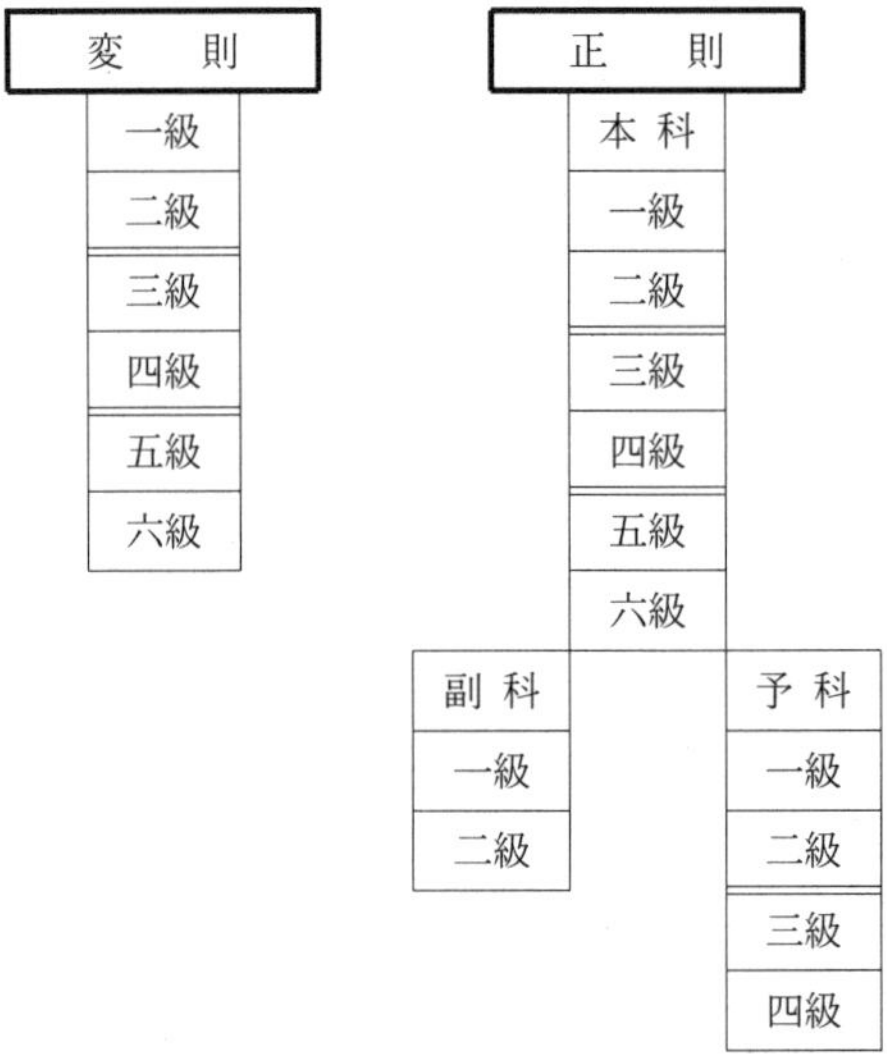

（注）「巴城学舎諸則」に収載の図を一部修正。

第１図　巴城学舎学校系統図

さらに、教則第二条に「学科ヲ正則変則ノ両等ニ分チ又正則ノ中ニ於テ本科予科副科ノ三程ヲ立ツ原書訳書兼修スルヲ予科トシ直ニ原書ヲ単修スルヲ副科トス而シテ均シク本科ノ専門ニ入ルモノナリ変則ハ則チ訳書ノミヲ教ユル者トス」とあって、原書を中心に学ぶ正則コースと、原書が読めない者のために訳書のみによって学ぶ変則コースが用意されていた。これら学校系統を表したものが第1図である。

教則第三条に「両則トモ一級一期ノ習業トス但シ一年ヲ二期ニ分チ即チ六ケ月ヲ以テ一期トス」とあることから、副科（一～二級・修業年限一年）→本科（一～六級・同三年）のコースは四年制であり、予科（一～四級・同二年）→本科のコースは五年制であることが分かる。両コースの内、副科→本科のコースが最も程度が高く、上級学校進学のための速修コースとされていた（副科・予科ともに卒業試験のうえ、本科に入学できた）。なお、原書は英語とされていたため、慶應の卒業生を教師として招いたのである。また、別系統として、英語未履修者用の変則コースが置かれており、これは一～六級・三年制であった。なお、鴻城学舎の変則科には算術科が併置されていたとされる(60)が詳細は不明である。正則・変則という二本立ては明治初年に学校区分の多義的な概念として用いられたが、一般的には正規の教育課程によるものが正則、そうでないものが変則とされた。巴城学舎の学科課程について見れば、原書を中心とする予科または副科→本科のコースが正則として正規の学科課程と見なされていたのであり、これは原書を学ぶばかりでなく上級学校への進学が目標とされていたためであったと考えられる。

次に教科書についてであるが、正則コースの教科書を示したものが、第3表であり、ほとんど原書であることが分かる。

「諸規則」と「諸則」とでは学科課程が異なるので、同一名だからといっても同じ教科書であるとは断定できないが、「諸則」は「諸規則」を参考に作成されたと考えられることから、著者名はほぼ間違いないと考えられる。ここに並んだ教科書は当時の中等学校としては最新かつかなり高度なものであるといえ、特に○印のついた一〇冊はこの当時の慶應義塾の正則科や変則科で使用されていたものである。(61)慶應の教科書との重複は本科の教科書のみに限られるが、一～六級の全教科書のおよそ半分が同一のものであった。このことから、教科書選定にあたっては慶應の影響を大きく受けていたものと考えられる。現に、巴城学舎で使用された教科書で現存する（萩高等学校蔵）ものの中には、慶應義塾の蔵書印とともに「古本売払　慶應義塾」の印を押したものが含まれていることから、(62)慶

第3表　巴城学舎正則コース使用教科書一覧

科	級	教　　科　　書
予科	四級	国史覧要・日本地理小誌
	三級	万国真史・輿地史略・第一・第二リートル
	二級	西国立志編（スマイルズ）・物理楷梯・地理書（ミッチェルまたはコルネル）
	一級	自由之理（ミル）・経済書・第三リートル
副科	二級	第一・第二リートル
	一級	地理書（ミッチェルまたはコルネル）・第三リートル
本科	六級	文典（クワケンボス）・○連邦史（クワケンボス）・○万国史（ウイルソンまたはパーレー）・数学
	五級	○英国史（グードリッチ）・○窮理書（クワケンボス）・代数学
	四級	日耳曼史（マルカム）・政体書（スミッス）・高科数学（ロビンスン）
	三級	○仏国史（ピノック）・○経済論（ウエランド）・○ユニバルシチーアルゼブラー（ロビンスン）
	二級	○万国史（ウイルソン）・○修身論（ウエランド）
	一級	○文明史（ギゾー）・性理書（ヘブン）・幾何学（チャンブル）

（注）「巴城学舎諸則」より作成。「巴城学舎諸則」には著者名は記されていないが，県制定の「巴城学舎諸規則」には著者名のある教科書名が記されている。したがって，「諸規則」と同名の教科書については著者名を（　）に記載した。なお，『輿地史略』については『輿地誌略』の誤りと考えられ，また，『物理楷梯』は慶應義塾出身の片山淳吉訳編である。さらに，慶應義塾でも使用されていた教科書には○をつけた。教科書名は「巴城学舎諸則」の表記の通りに掲げた。

應の処分した教科書を購入して再利用したものもあったと考えられる。

「諸則」に掲げられたこれら教科書から、全体的傾向として歴史関係が重視されていたことが分かり、これは原書講読の題材として歴史物が好まれたという事実も表している。また、一方では、数学・物理学等の自然科学系学科やイギリスの功利主義・自由主義を象徴する政治・経済論等も教えられていたことが分かる。教科書に訳書のみを使用した変則科においても、福沢の『西洋事情』や『学問ノススメ』、小幡篤次郎訳の『英氏経済論』（原題 Wayland『The Elements of Political Economy』）等、当時教科書として最も普及していた書物だけでなく、『自由之理』や

『西国立志編』等の訳本も使用されており、教授内容は西洋の地理・歴史・法律・政治・経済・物理・化学等の広範囲に及ぶものであった。これらのことから、萩という一地方都市にあって、実に驚くべき最先端を行く「文明開化的」教育が行われていたといえるのである。

次に授業日数・授業時間数はどうだったのだろうか。「諸則」の「休日定例」によれば、日曜日や紀元節等の祝日及び夏季・冬季の長期休業日以外が授業日とされていたが、教則第四条によれば理由の如何にかかわらず一時間の欠席ごとに一点が減点されることとなっていた。授業時間数については「諸則」には記載されていないが、「諸規則」によれば、下等六級で週二八時間、下等五〜一級で週三〇時間であり[63]、下等の場合、六級以外は一日五時間授業とされていた。先述のように、「諸規則」を参考に「諸則」が作られたと考えられるため、実際も毎日五時間授業であったと推測される。

授業の様子については、鴻城学舎の教員を務めた大窪の回想によれば、「最初は、翻訳書がよく分かる様に、講釈してくれる人があればよいと云ふ、木戸さんの意見で、攘夷論が未だ八釜しくつて、英書を読む意嚮はなかつた。然るに段々原書の意味が、かうかう云ふのだと講釈し出すと、生徒は、翻訳書では、原書の意味が汲みとれにくいから、原書をやつてほしいと云ひ出した[64]」とあって、当初は訳書で行っていたが、生徒の希望で原書を扱うようになった事情が語られている。だが、原書使用授業の実態については、漢文の素読のように原語発音で流し読みした後、教師が大意を説明する程度のものだったのではなかろうかと推測する英文学の研究者もいる[65]。

教則第五条によれば、毎月小試験、各級（六ヶ月）ごとに大試験が実施されて成績が評価されることとなっていた。さらに、教則第六条の規定によれば大試験が昇級試験の役割を果たしていたことが分かり、学校から家庭に送付される「優劣勤惰表」（教則第六条）によって生徒の成績が通知されていた。「優劣勤惰表」とは、教則第四条に

「毎日課業ノ上ニ於テ遺忘誤解ノ失ヲ各名簿ニ点取シテ点失表ヲ作ル」とあるものであり、成績ばかりでなく欠席についても記されていた。明治九年七月発行の「鴻城学舎生徒優劣勤怠表[66]」が現存しているが、これは家庭に送付したものと異なり、学校保管用の一覧表であったと考えられる。冒頭に、「此表ハ各自日課上ノ遺忘誤解欠席及ヒ大小試験ノ失ヲ点シ其数ノ多少ヲ以テ優劣ヲ明示スルモノ」とあって、本科・予科・翻訳科の各級ごとに各生徒の読物・算術（本科のみ）・欠席・大試験の各失点及びそれらの失点の合計点が記され、合計失点の少ない順（成績順）に生徒名が並べられている失点表であり、六ヶ月ごとに作成されたものと考えられる。

相当数の生徒を擁した両学舎であったが、中途転学あるいは退学する者が多く、卒業する者はまれであったとされる[67]。鴻城学舎の卒業生については不明であるが、巴城学舎については、明治一一年一月に福田耕太・島田壯介・小島亦藏・矢野忠介の四名が卒業している[68]。この四名は本科の途中に編入してきた者たちであったが、卒業後は「学資ヲ貸与シテ東京慶應義塾ニ入学セシム[69]」ということになった。『慶應義塾入社帳[70]』によれば、四名とも「明治一一年五月六日入社」となっており、わずか八ヶ月間修学の後、同一一年一二月に卒業[71]して帰県し、翌一二年三月、矢野・小島は山口中学校（同一一年五月に鴻城学舎が改組）に、福田・島田は山口中学校萩分校（同一一年五月に巴城学舎が改組）に各々「訓導」として迎えられている[72]。この四名の事例を見る限りでは、中央の上級学校（この場合は慶應義塾）への進学階梯の役割を巴城学舎は果たしていたといえる。

三　上等小学設立の意義

以上のように、両学舎は上等小学とされながらも、「学制」に規定された上等小学[73]とは全く異質の学校であり、かなり高度な教育内容を持つ中等程度の学校であったことが分かった。ではなぜ、わざわざ中学校ではなく上等小学としたのであろうか。この点については、「山口県々立中学校沿革」（明治一四年二月カ）[74]では「両校既ニ其学科ヲ高尚ニシ学年ヲ延長ニシ、以テ小学卒業生ヲ待ツ所ナルヲ以テ其価格小学位置ニ置クヘカラス、然レトモ亦其授業方法純然タル正則ニ非サルヲ以テ直ニ中学ノ称ヲ付スルニ嫌アリ」と、その理由を説明している。小学卒業生を入学させる学校であるということと、教育内容からは変則中学であるという二側面の性格を同時に表記する校名として上等小学が選ばれたというのである。

また、上等小学は表面上「県下一般士民ノ子弟[75]」を対象としてはいたが、実際は士族子弟の学校であったことにも注意する必要がある。教育授産事業の一環としての上等小学設立であったことから、このことは当然ともいえるが、一方では士族層の政治的動向に影響されやすいという危険性も孕んでいた。具体的には、萩の乱[76]に際して、鴻城学舎が政府軍の陸軍病舎として使用されたり[77]、巴城学舎に至っては、「前原一誠等校内ニ屯聚シ尋テ開戦事平クノ后ヲ官兵又来リ営ス此際寮舎蹂躪セラレ書籍器械等多ク紛出シ為メニ損害ヲ被ムルモノ價額四百有餘円[78]」という有様であった。特に甚大な被害を被ったのは巴城学舎であったが、前原の殉国軍がここを本拠に挙兵し、鎮圧軍との市街戦で被弾する等の損害を受けたうえ、乱後に駐屯した政府軍兵士の乱暴によってさらなる被害を被ったのであった。政府軍兵士が乱暴行為を働いたのは、巴城学舎が反乱士族の象徴的存在として見なされていたからではなかろうか。

第三節　萩読書場の役割

巴城学舎の構内には、同学舎に年齢的に入学が難しい士族子弟の年長者を教育する場として読書場なる施設が設けられていた。読書場の名前が初めて登場するのは、明治七年一一月の「授産局章程」においてであるが、ここでは読書場の他に、「別ニ一場ヲ開キ新訳書新聞紙等ヲ買入レ展覧ヲ請フ者ハ（中略）之ヲ読マシメ」とあって、もう一つ施設を置くことを構想していた。翌月発せられた「山口上等小学萩読書場開設ニ付各人学事心得方ノ義ニ付達[79]」では、読書場とならんで書籍展覧場の名称が初めて登場する。だが、実際に設立されて以降の関係史料では、書籍展覧場の名前はほとんど出てこない。類似の名称を冠した読書場と書籍展覧場との関係は一体どうなっていたのであろうか。「萩分校創立以降沿革概略」では「東北ニ在ルヲ巴城学舎ト称シ其南ニ在ルヲ読書場ト呼ヒ西ニ隣レルヲ展覧場ト名ク此二場ハ漢書専脩及ヒ書籍縦覧所ニシテ[80]」とあることから、両場とも設立されたことは間違いないが、書籍展覧場は読書場に付属される形になっていたのではないかと考えられる。このため、書籍展覧場を含む広い意味で読書場の名称が通常使われていたのではないかと考えられるのである。つまり、読書場には学校的役割と展覧場的役割の両面があったことに注意する必要がある。

一　萩読書場の設立目的と設立過程

読書場も教育授産事業の一環として設立されたが、その対象は上等小学より限定されていた。「読書場規則」（明治八年一〇月制定）の校則第一条に「本校へ入学の志ある者は校中幹事局へ届出へし但し士族に限るへし[81]」とあるように、士族に限定されていたのである。だが、萩には巴城学舎があるにもかかわらず、なぜあえて読書場を置いたのであろうか。

読書場の起源は、明治七年四月、萩変則小学内に設けられた集議所にあるとされる[82]。前原一誠の発案によって、佐賀の乱に際し応募された護国軍解散後の士族対策として集議所を設け、「日新真事誌」・「東京日日新聞」・「横浜新聞」の三紙を閲覧させることとしたのであった。[83] 集議所設立案を持ちかけられた県吏の勝間田稔は、前原に対する書簡の中で「士族中も世上の景況も相分り、面白く可有之に付、新聞紙は一両種宛毎号差送り可申に付、明倫館中之一處を設け、其處え新聞紙を雑陳し[84]」と述べ、「壮士輩教育の一方法[85]」として全面的に賛同しており、県当局の協力もあったことが分かる。集議所は士族たちの見聞を広めるためばかりでなく、互に諸事を談議盟約するための集会所の役割も果たしており、不平士族の拠点となる危険性を孕んでいた。この集議所が教育授産事業の一環として整備・拡充されたものが読書場だったのである。したがって、読書場の設立は萩在住士族、特に青年士族層の啓蒙・慰撫を目的としたものであったといえよう。この当時、他府県でも書籍館や新聞縦覧所等の施設が作られ始めていたが、[86] 読書場は士族のみを対象としていたことや書籍等の展覧機能ばかりでなく、学校機能も持っていたことがそれらとは根本的に異なる点であった。

では、読書場設立を発案したのは誰だったのであろうか。海原徹氏は「木戸や権令中野梧一ら当局側と士族代表の前原が商議して成ったものである[87]」として、これら三者が設立に関わった中心人物であるとしているが、特に木戸が中心的役割を果たしたのではないかと考えられる。『松菊木戸公伝』によれば、「読書場・展覧場とあるは、巴城学舎と倶に公が去年帰県したりし時、萩地人士の為に梧一・信一・右一等と謀議して賞典米の中七百石を割き、其経費に充て、創設したるものなり[88]」とあり、さらに木戸の日記には、明治七年一一～一二月の帰郷中、度々建築現場を視察に訪れたことが記されている。[89] つまり、木戸は集議所が不平士族の拠点となっていくことを恐れたため、士族の啓蒙・慰撫を目的とする読書場に転換させたのではないかと考えられるのである。したがって、木戸と萩在住士族が各々構想した読書場の姿には大きな隔たりがあったものと考えられ、これは後に述べるように、「読書場規則」と読書場の実態との比較によって首肯できる。設立時期については、前原の日記に「三月　読書場規則成ル」

（明治八年）[90]とあり、さらに前原の日記を補遺・注釈した『前原一誠年譜』[91]には「七日（中略）木梨信一読書場開校ニ付来ルト云」（明治八年三月）とあることから、明治八年三月開校と考えてまちがいないであろう。財源については、前出のように賞典米の七〇〇石、即ち毛利家の寄付によっていた。

二　萩読書場の実態

明治八年一〇月、校則・舎則・教則からなる「読書場規則[92]」が制定された。[93]これは読書場の学校的役割に関する規則であり、木戸や中野県令と前原の協議の結果成立したものであった。まず、校則第一条で入学資格を士族に限定したうえで、教則第一条では「本校入学の者は上下等小学の課程を経さる者に付、先つ一般普通教科を教ゆるものなり」としていることから、士族子弟の中で新学制以前の年長者を対象としていたことが分かり、教則第二条では「其年齢已に長し粗書算に渉し者」については課外生として各専門学を学ばせることとしていた。教則第三条では学科課程を五級（一級は六ヶ月）、即ち二年半とし、第六条では各級末の大試験によって及落を決定することとしていた。

さらに、教則第七条には各級ごとの学科及び教科書があげられている。学科は最下級の第五級と第四級では、地理学・歴史学・窮理学・修身学・算術・作文の六学科であり、第三・二級になると地理学の代わりに政体学が加わり、最上級の第一級では歴史学・修身学の代わりに経済学・化学が加わっている。これら学科名から見る限りでは、バランスのとれた最新の普通教育を行おうとしていたことが分かる。また、教科書については、『日本外史』や『十八史略』等もあるものの、『西国立志編』・『自由之理』・『英氏経済論』等といった翻訳本や西洋の最新知識を紹介した書物によってほとんどが占められており、流行最先端の教科書による教育を行おうとしていたことが分かる。

次に、生徒や教師はどのような状況だったのだろうか。生徒数については、「萩分校創立以降沿革概略」[94]によれば、明治八年七月時点で「読書場生徒六十一名」となっており、巴城学舎の一一五名と比べてもかなりの数がいたといえる。これらの生徒は士族子弟の青年層が中心であったと考えられるが、松下村塾の塾生も含まれており、彼らは午前は同塾で、午後は読書場で授業を受けていた。[95]教職員については、和智精一・市川文作（「教師」）・伊藤石介（「助導」）・重見盛一（「助導」）・藤井道介（「助導」）・竹下城介（「助導」）・長尾源七（「展覧場司籍掛」）がいたとされるが、[96]このうち、市川は明治初年の明倫館で教えた経験があり（萩明倫館と考えられる）、読書場では漢学を教授していたものと考えられ、長尾は書籍展覧場の司書の役割を果たしていたと考えられる。

では、実際の授業はどのような様子だったのだろうか。海原氏は、「読書場規則」は全く有名無実化しており、西洋的知識は教えられた形跡はなく、教科書として規定されていない『孟子』や『論語』等による漢学授業が中心で、当時の漢学塾一般の授業と大差ないものであったとしている。[97]つまり、「読書場規則」によって構想された姿と実態とでは大きな乖離が存在したのであり、これは「読書場規則」作成の中心人物と考えられる木戸と実際に利用した萩在住士族とで、読書場に対する認識が大きく異なっていたためであった。木戸は不平士族の暴発を防ぐための啓蒙の場として捉えていたのであり、一方、士族たちは自分たちの結集拠点として捉えていたのである。実際の読書場は「前原党」の拠点となっていき、県吏の三浦芳介は木戸に宛てた書簡（明治八年一一月七日付）[98]の中で、「征韓論市街ニ充満機会ヲ得タル激徒等ハ血盟トカ血判トカ致シ進戦ヲ誓ヒ（中略）読書場展覧場新聞場之生徒等ハ閣下御承知之如ク前陳之党ニテ」と報告している。このような状況について、木戸は三浦に宛てた書簡（明治九年一月一八日付）[99]の中で、「読書場弥不都合なるもの歟と必竟為萩人歎息いたし申候」と深く憂慮していた。

明治九年四月二七日、前原の決断によって読書場は廃止されたが、これは木戸らの憂慮に応え、自身の「潔白」

を示す措置であった。この結果、「読書展覧ノ二場ヲ廃セラレ該生徒ハ本校ヘ入学スベキ旨ヲ達セラレ」[100]ということとなったが、実際は廃止後も生徒であった者たちはしばしば旧読書場で会合を持っており[101]、萩の乱への動きは日増しに高まっていくのであった。

第四節　士族授産の教育史的意義と教育授産の特質

士族授産に関する先行研究を見ると、授産の結果に対する否定的評価が通説化してしまっている[102]。このため、同時期の政治・社会問題と比べて士族授産の研究は極めて低調であるといわざるをえない[103]。だが、教育授産に限って見れば、単に士族の問題にとどまらず、中等教育形成の原動力の一端を担ったという事実からして、もっと積極的に評価されてもよいのではなかろうか。本章で事例とした上等小学は、後に至るまで山口県下の中等教育の中核を担うこととなる。即ち、鴻城学舎は山口中学校へ、巴城学舎は萩分校へと改組され、後に山口高等中学校（山口高等学校）や山口県尋常中学校及び萩分校（山口・萩中学校）へと変遷していく。このような経過から見て、上等小学の設立という教育授産事業は、中等教育発展の基礎を作ったという点において成功したといえるのである。山口県に限らず他府県においても、教育授産事業の一環として設立された中等学校が発展を遂げ、全国各地の中等教育の拠点となっていったという事実は少なからず存在する。このことから、士族授産は教育の面から広く近代日本の発展に寄与したということができるのである。

もちろん、明治初期という時期では、教育授産は士族層の政治的動向に大きく影響されるという側面を有しており、このことは萩の乱に際して巴城学舎が受けた被害や萩読書場の実態が端的に物語っている。特に、萩読書場の

「私学校化」という事実は、教育授産としての成人教育の困難さを物語っていたといえる。巴城学舎に加えて萩読書場が置かれたのは、年少者と年長者によって教育授産の内容に違いが求められたためであり、教育授産と一口にいっても、対象者の年齢層に応じて異なる内容が求められていたことが分かるのである。萩読書場は、青年士族対象の学校機能と書籍等の展覧機能の両面を有する、当時としては極めて新奇な施設だったのである。前原自身は、当初、萩在住士族の開化・啓蒙の意図を持ってこの施設の開設に関わったと考えられるが、結果的には不平士族の意見に大きく左右されてしまった。海原氏は「校則や舎則はともかく、学校教育的な機能を付与された教則の場合は、もともと当局側の強い期待が込められており、前原らの意向とは無関係であったようだ[104]」として、「読書場規則」の構想と前原の意向とは最初から異なっていたとしている。だが、前原は多少なりとも「読書場規則」作成に関わっており、その内容についても承認していることから考えて、当初の前原の意向と「読書場規則」の構想とは大差はなかったものと考えられる。この点からすれば、保守派長州士族の代表とされてきた前原の新しい姿が見えてくるのである。

また、教育授産の性格についても新たな事実が判明した。従来、教育授産の理由としては、藩の解体に伴って生じた教育機会喪失の回復ということと、「学歴」取得による士族子弟の社会的上昇を図るということがあげられてきた[105]。特に、第二の理由、即ち失業生活から脱して、役人や教師等の俸給生活者へ転身させるということが究極目的であったとされてきた。これらは個人利益を目的としたものであるが、旧藩関係者が多大の経済負担を負ってまで教育努力をしたのは、果たして個人の自立のみが目的だったのだろうか。

この点について、本章の検討により、第三の理由も存在したことが明らかとなった。教育授産によって授けられた教育は「一村一郡ヨリ日本全国ノ富饒ヲ致スノ元根[106]」とされ、教育授産は地域や国家に還元されるべき性格のものとされていたのである。教育授産では、中等教育を授けることによって、さらに高等教育機関に進学し、将来的には地域や国家の発展のために貢献する人物の養成が目指されていたのである。渡邊氏は「士族永遠の授産はその子孫に教育を施すに如かず」という理念が教育授産の理念であったとしているが、[107]一歩進んで、教育授産では個人の自立のみならず養成された人材による地域や国家の発展も目指されていたことが分かるのである。上等小学が単独で完結する完成教育機関とはされず、上級学校への進学が意識されていたのは、直接的には個人の社会的上昇のためであり、間接的には地域や国家の発展が期待されていたためであった。そして、このような教育授産の性格を示す実例として、四名の巴城学舎卒業生の存在をあげることができる。この四名は萩藩士の家に生まれ、教育授産事業の一環として設立された巴城学舎に学び、卒業後は学資を貸与されて上京、慶應義塾に学んだ後帰郷し、中学教師として後進の教育に携わっており、教育が地域に還元されていたことを示す一例といえよう。

さらに、中等教育の概念についても上等小学は重要な示唆を与えてくれる。明治初期において、中学が極めて多義的・広概念的な学校であったことは周知のことであり、中等教育の概念自体も定まっていなかった。したがって、「上等」という言葉には小学と高等教育機関を結ぶという意味合いも込められていたと考えられる。このため、教育内容が上級学校へ進学準備されたものであれば、名称は中学でなくとも問題はなかったのであり、逆にいえば中学だけが中等教育とは捉えられていなかったということになる。

本章で対象とした上等小学は、次の三点において中等教育の役割を実質的に果たしていたといえる。まず第一に教育内容面では、原書や翻訳書を教材とした普通教育の中で最新の西洋知識が教授されており、第二に教員については、英学教授のためにわざわざ慶應義塾出身者を招聘する等、資質向上に努めており、第三に進路面では、本科卒業後、上級学校である慶應義塾に進学した者も存在していたのである。

これまでの検討結果から分かるように、中等教育の概念自体が混沌としていた明治初期にあって、山口県では学校の名称はともかく、中等教育を高等教育に接続するものとして認識しており、これ以降も独自の進学教育を形成していくことになる。

注

（1）代表的先行研究としては、戦前のものでは、吉川秀造『全訂改版　士族授産の研究』（有斐閣、一九四二）、我妻東策『士族授産史』（三笠書房、一九四二）、江頭恒治「山口県に於ける士族授産」（『経済史研究』第二〇巻第三号、日本経済史研究所、一九三八）があり、近年のものでは、安藤精一『士族授産史の研究』（清文堂、一九八八）、落合弘樹『明治国家と士族』（吉川弘文館、二〇〇一）がある。

（2）神辺靖光「藩学から明治の中学校への連続性に関する考察」（『国士舘大学人文学会紀要』一八、一九八六）、新谷恭明『尋常中学校の成立』（九州大学出版会、一九九七）を参照。

（3）例えば、櫻井役『中学教育史稿』（受験研究社増進堂、一九四二）の「第一編第四章　中学教育の発達」では、このような中学の事例が紹介されている。

（4）菊池城司「近代日本における中等教育機会」（『教育社会学研究』第二二集、日本教育社会学会、一九六七）、深谷昌志『学歴主義の系譜』（黎明書房、一九六九、一三八～一三九頁）。前記二研究によれば、尋常中学校生徒の士族率は明治二一年時点で五一％、三一年時点で三二％とされる。

（5）『教育学研究紀要』第三七巻第一部、中国四国教育学会、一九九一。

（6）『広島大学教育学部紀要』第一部（教育学）、第四一号、一九九二。

（7）『日本の教育史学』第三七集、教育史学会、一九九四。

（8）天野郁夫『学歴の社会史』新潮社、一九九二、二九頁。

（9）「藩学から明治の中学校への連続性に関する考察」及び『尋常中学校の成立』を参照。

（10）園田英弘・濱名篤・廣田照幸『士族の歴史社会学的研究』（名古屋大学出版会、一九九五、五二～五五頁）、『明治国家と士族』（一頁）。

（11）『士族の歴史社会学的研究』五二頁。

(12) 廃藩置県直前の明治四年六月に徳山藩は山口藩に合併されていた。
(13) 『藩制一覧』上・下巻、日本史籍協会、一九二八。
(14) 「内務省統計書」(『山口県の統計百年』山口県総務部統計課、一九六八、一四五頁)。
(15) 同前。
(16) 「表一－二　族籍別人口構成(明治五〜九年)」(『士族の歴史社会学的研究』五四頁)による。
(17) 『全訂改版　士族授産の研究』一九頁。
(18) 我妻東策『明治社会政策史』(三笠書房、一九四〇、一五頁)、安田三郎『社会移動の研究』(東京大学出版会、一九七一、二〇三頁)。
(19) 『全訂改版　士族授産の研究』二一〜二三頁。
(20) 『山口県史』史料編、近代Ⅰ、山口県、二〇〇〇、六三頁。
(21) 「士族卒給禄ノ儀ニ付山口県ヨリ建言書ノ写」(「忠愛公伝」第九編第三章第一節、山口県文書館蔵)。
(22) 同前。
(23) 「忠愛公伝」第九編第三章第三節、山口県文書館蔵。
(24) 「勧業局趣意書」。
(25) 井上馨侯伝記編纂会編『世外井上公伝』第二巻、内外書籍、一九三三、五六七頁。
(26) 「明治六年ヨリ　士族授産ニ関スル布令　山口県玖珂郡役所」(山口県文書館蔵)、『山口県史』(史料編、近代Ⅰ、五〇七頁)。井上が「章程」の起草を終えたのは明治七年一一月上旬であったと考えられる(『世外井上公伝』第二巻、五六七頁)。
(27) 『山口県史』史料編、近代Ⅰ、六五頁。
(28) 「授産局章程」。
(29) 同前。
(30) 同前。
(31) 「山口県に於ける士族授産」。
(32) この点について、渡邊氏も「防長教育会の設立過程における『教育授産』の理念」において、教育事業に力がいれられていたことを山口県の授産事業の特質としている。
(33) 「山口県布達達書　明治七年(正)」山口県文書館蔵。
(34) 同前。
(35) 同前。

(36) 同前。
(37) 同前。
(38) 「山口県布達達書　明治八年上下（正）」山口県文書館蔵。
(39) 同前。
(40) 『山口高等商業学校沿革史』山口高等商業学校、一九四〇、八六頁。
(41) 『木戸孝允日記』第三巻、マツノ書店、一九九六、一一六頁。
(42) 『山口高等商業学校沿革史』八六頁。
(43) 「萩分校創立以降沿革概略」（「山口中学校本分校　明治十七年報」山口県文書蔵）。
(44) 「後年見渡扣」山口県文書館蔵。
(45) 「山口県布達達書　明治七年（正）」。制定年月は不明だが、おそらく明治七年一二月と推測される。
(46) 「山口上等小学々舎落成生徒招募ノ達」（「山口県布達達書　明治七年（正）」）。
(47) 同前。
(48) 「山口県布達達書　明治七年（正）」。
(49) これを裏付ける事実として、県立萩高等学校及び萩市立萩図書館が所蔵する洋書の中には、巴城学舎の蔵書印が押してあるものが多いうえに、同じ書物が相当数揃えられており、生徒に教科書として貸与したものと考えられる。
(50) 「山口県布達達書　明治七年（正）」。年月は不明だが、「心得箇條」と同時に制定されたものと推測される。
(51) 第四条に「英独学校」とあるが、山口変則小学英学寮はすでに明治七年八月に廃校となっているため、ここでいう「英学校」については不明である。また、「独学校」については、同八年一月に廃校となった萩独逸寮を指しているものと考えられる。
(52) 『文部省第三年報』～『文部省第五年報』による。なお、『山口高等商業学校沿革史』（九〇頁）によれば、鴻城学舎の生徒数を明治八年末で九九名、九年末で一三〇名、一〇年末で六〇名、一一年末で七二名としている。また、「萩分校創立以降沿革概略」によれば、明治八年七月時点で巴城学舎の生徒数を一一五名としている。
(53) 『文部省第三年報』。
(54) 「萩分校創立以降沿革概略」。
(55) 『文部省第三年報』～『文部省第五年報』による。
(56) 大窪實「義塾懐旧談」（『三田評論』第二四七号、一九一八）。
(57) 同前。
(58) 萩高等学校蔵。

(59) これについては、田中誠「巴城学舎の教育」(『萩乃百年』萩市役所、一九六八、一〇〇～一〇九頁)にごく一部分が引用されているが、現在のところ原史料の所在は不明である。
(60) 『山口高等商業学校沿革史』八八頁。
(61) 『慶應義塾七十五年史』(慶應義塾、一九三二、八九～九七頁)、『慶應義塾百年史』上巻(慶應義塾、一九五八、四一九～四二三頁)。
(62) 『萩乃百年』(一〇八頁)、『山口県立萩高等学校百年史』(萩高等学校、一九七三、五二頁)。
(63) 『萩乃百年』(一〇六～一〇七頁)、『山口県立萩高等学校百年史』(五〇頁)。
(64) 「義塾懐旧談」。
(65) 『山口県立萩高等学校百年史』五一頁。
(66) 山口県文書館蔵。
(67) 『山口高等商業学校沿革史』九一頁。
(68) 「萩分校創立以降沿革概略」。
(69) 同前。
(70) 福沢研究センター編『慶應義塾入社帳』第二巻、慶應義塾、一九八六。
(71) 「卒業生名簿」(福沢関係文書マイクロフィルム、慶應義塾大学三田メディアセンター蔵)によれば、四名とも明治一一年一二月本科卒業となっている。
(72) 「萩分校創立以降沿革概略」。
(73) 「学制」による本来の上等小学も山口県内には設置されており、明治九年の「山口県年報」(『文部省第四年報』)では「上等ニ在ルモノ合計百七十五人」とされていた。
(74) 『山口県史』史料編、近代Ⅰ、一〇一七頁。
(75) 「山口上等小学萩読書場開設ニ付各人学事心得方ノ義ニ付達」。
(76) 明治九年一〇月、前原一誠を首謀者として勃発。
(77) 「萩地変動県庁往復録　一」山口県文書館蔵。
(78) 「萩分校創立以降沿革概略」。
(79) 「山口県布達達書　明治七年(正)」。
(80) 「山口中学校本分校　明治十七年報」。
(81) 妻木忠太『前原一誠伝』積文館、一九三四、復刻版マツノ書店、一九八五、九四六頁。

(82)　同前、九一二～九一三頁。
(83)　同前、九五四頁。
(84)　同前、九一三頁。
(85)　同前、九五四頁。
(86)　日本初の近代的図書館として、明治五年四月に官立の書籍館が東京に設立され、また、全国各地に民間や府県によって新聞縦覧所が設けられており、これらは文明開化を象徴する施設として人々を啓蒙する役割を担っていた。なお、山口県では、明治五年、萩支庁内に掲示所を設けて日誌・雑誌・新聞等を公開し、これを同七年には書籍新聞紙展覧局に改組していたが（田村盛一『山口図書館五拾年略史』山口県立図書館、一九五三、一五頁）、これと読書場とは直接の関係はないものと考えられる。
(87)　海原徹『松下村塾の明治維新』ミネルヴァ書房、一九九九、七七頁。
(88)　『松菊木戸公伝』下巻、明治書院、一九二七、復刻版マツノ書店、一九六六、一九八一～一九八二頁。
(89)　『木戸孝允日記』第三巻、一一六、一一八、一二八頁。
(90)　「前原一誠日記断片」萩市郷土博物館蔵。
(91)　安藤紀一『前原一誠年譜』一九二九、萩市郷土博物館蔵。
(92)　『前原一誠伝』（九四九～九五四頁）に掲載。
(93)　「前原一誠日記断片」では、明治八年三月に「規則」が完成したとしており、海原氏は制定が遅れた理由として前原の上京不在が考えられるとしている（『松下村塾の明治維新』七八頁）。
(94)　「山口中学校本分校　明治十七年報」。
(95)　『松下村塾の明治維新』七九頁。
(96)　「萩分校創立以降沿革概略」。「　」内の職名は同史料による。
(97)　『松下村塾の明治維新』七九頁。
(98)　『松菊木戸公伝』下巻、一九八一頁。
(99)　『前原一誠伝』九八八頁。
(100)　「萩分校創立以降沿革概略」。
(101)　『松下村塾の明治維新』八〇頁。
(102)　『明治国家と士族』一九六頁。
(103)　『士族授産史の研究』一四頁。
(104)　『松下村塾の明治維新』七八頁。

(105)『学歴の社会史』二八〜二九頁。
(106)「授産局章程」。
(107)「防長教育会の設立過程における『教育授産』の理念」。

第三章　山口県独自の進学体系形成の背景

問題の設定

前章では、山口県の進学教育の発端が士族に対する教育授産にあり、士族子弟を中央の高等教育機関に送出し、地域や国家に貢献する人材に育成することを目的としていた教育授産が、結果的には中等教育を進学教育化する役割を果たしていたことを明らかにした。

だが、教育授産以上に、山口県の進学教育を推進する役割を果たした存在があった。それは、当時、明治政府の内部で一大勢力を有した長州閥の存在であった。

そこで、本章では、山口高等中学校及び予備門五学校という進学体系が成立に至る背景として、まず、長州閥の存在がどのように影響したのかということを明らかにする。つまり、進学教育の形成に際して、藩閥勢力が組織的に関わったということを明らかにするのである。さらに、山口県では、すでに明治一〇年代半ばに山口中学校を中心として県立五中学校が組織化され、上級学校進学を目指す進学制度が成立していた。そして、この「県立五中学校制度」が直接の背景となって、山口高等中学校及び五学校が誕生したと考えられる。したがって、山口県独自の進学体系の原型としての「県立五中学校制度」を対象として、その実態解明も行う。

第一節　長州閥とは

まず、本書の題名とも関わって、長州閥の実態と構造について検討しておきたい。

藩閥とは、佐々木隆氏によれば、明治期の政官界及び軍部に優越的な政治的影響力を有した、旧藩に由来する求心性を持つ地縁的政治集団であり、広義には薩摩・長州・土佐・肥前の四藩閥を指すが、狭義には薩摩閥と長州閥を指すとされる。[1]藩閥の呼称自体は、明治一〇年代に政党側が批判的なマイナスイメージを込めて使用し始めたとされる。[2]藩閥は実態としては明治初年から存在していたが、呼称が一般化するのは二〇年代に入ってからであり、明治後期には長州閥を中心に次第に官僚閥へと再編成されていくのであった。初期議会期において民党と激しく対立したため、藩閥勢力の問題は明治政治史上否定的に語られることが多いが、封建制と帝国憲法体制との過渡期にあって、その移行を円滑ならしめた功績や近代的国家体系を整備した功績は評価されるべきであるとする見解もある。[3]ともあれ、近代日本国家の形成期において、藩閥が大きな役割を果たしたことは歴史的事実である。

本書で対象とする長州閥が政府内の一大勢力としてその全容を現したのは、明治四年後半のことであったとされる。[4]明治四年七月の廃藩置県の結果、国元に残っていた維新功労の志士の多くが上京し、官途に就いたからであった。当初、長州閥は木戸孝允を単一のリーダーとしていたため、木戸派とも呼ぶべき存在であったが、その幹部としては、伊藤博文・井上馨・山県有朋・品川弥二郎・山田顕義らがいた。[5]明治一〇年五月に木戸が病没した後は、伊藤・井上・山県・山田といった新リーダーが自立していき、二〇年代初頭には自派を閥内に形成していた。

明治政府は、初期にあっては国家体制構築のために多くの有為な人材を必要としていた。だが、政府への全国的な人材吸収が早急に望みがたい状況もあって、まず、政府首脳が考えた人材吸収の方策とは、自分たちの郷里からの人材吸収であった。つまり、政府内の先輩が、郷里の後輩を政府に縁故採用するということが普通のこととして行われていたのである。このため、長州閥の構成員たちも、山口県から大量の人材吸収を行っていた。特に、長州閥の場合は、幕末期以降、藩内の内戦や討幕戦を共に戦い抜いた同志的結合は一段と強固であったと考えられ、政府の要職にある先輩が郷里に残された後輩を抜擢するということが当然のごとく行われていた。だが、国家体制の基礎が固まり、政府への人材吸収が一段落つくと、このようなことは困難になってくる。そこで、長州閥は自らの存続問題、即ち、次世代の後継者養成問題に直面するのであった。

長州閥の構成員たる長州人（長州閥の中には、長州出身の政府要人に幕僚として仕えた他府県人も含まれる）は、志士としての経歴や功績の有無を基準として、第一・第二の両世代に大別できるとされる。[6] 第一世代長州人（以下、第一世代と略記）とは、尊攘・討幕運動や戊辰戦争に参加して功績をあげた者のことであり、一方、第二世代長州人（以下、第二世代と略記）とは、その年齢にまで達しておらず、志士としての体験を持たない者のことである。両者の生年の境界は弘化・嘉永年間の交わりあたり（一八四〇年代半ば）とされる。

第一世代とは、木戸及び彼の死後に自派を形成した伊藤・井上・山県・山田といった「元勲級指導者」や品川・野村靖といった「子爵級実力者」に代表される人々である。[7] 一方、第二世代とは、江木千之・曽根荒助・白根専一らに代表されるが、彼らが中央政界の上層部に姿を現し始めるのは明治二〇年代に入ってからである。第二世代が第一世代と異なるのは、人数が遙かに少ないうえ、ほとんどの者に共通していたのは近代的な高等教育を受けていたということであり、特に後半期の者は東京大学及びその前身校の出身者が多かった（文久〜元治年間、即ち、一八六〇年代前半が第二世代の生年の下限）。第二世代の人数が少なかったのは、彼らが成年に達した頃には、すでに国家建設の基礎が固まっていたため、大量の人材採用の必要性がなかったということが最大要因であったが、縁故のみによる採用ではなく、学歴を重視せざるをえなくなっていたことも一因であったと考えられる。

例えば、第二世代の代表人物である江木は、嘉永六（一八五三）年に岩国城下で下級武士の子として生まれたが、大阪兵学寮、開拓使仮学校、大学南校、工部省工学寮と学校を転々とした後、明治七年、文部省に勤務することとなった。彼の文部省への採用は、自ら「工部大輔山尾庸三氏（後の子爵）は横浜の修技黌在学当時からよく知って居つた。そこで自分は将来文部に入って教育の事に当りたい志望であることを打明けて相談したるところ、同氏から文部大輔の田中不二麿氏に紹介して呉れて、遂に文部省に奉職することになつた」[8]と述べているように、第一世代に属する先輩の山尾庸三の引き立てによるものであった。江木の事例に見られるように、第一世代は後継者としての第二世代を積極的に引き立てたと考えられるが、第二世代の人数自体が少ない状況は如何ともしがたかった。

そこで、長州閥の間では、将来的な藩閥継続への強い危機意識が生まれたものと考えられる。[9]長州閥の将来に対する不安が、後継者養成の新しい方策を考案させたことは十分に考えられるのである。縁故によって郷里の後輩を採用するなどということが難しくなっていた時期に、山口県から中央政府に正当な手段で人材を吸収するためには、最高学府たる帝国大学進学を目的とした学校体系を作る以外に途はなかったのである。このことは、明治二〇年七月に「文官試験試補及見習規則」が公布されて、従来は自由任用であった奏任官が帝国大学の法科大学及び文科大学卒業生に限られることとなったことにより決定的になったと考えられる。このように、山口県の進学システム形成の背景には、長州閥の後継者養成という問題が横たわっていたのである。

また、旧藩主毛利家の果たした役割も忘れることはできない。むしろ、毛利家の存在があったればこそ、実現可能であったといえるかもしれない。政府要人としては、当初、木戸が郷里の中等教育の発展に中心的役割を果たしていたが、彼が明治一〇年五月に没した後は、井上が引き継ぎ、彼ら二人を物心両面から支えたのが毛利家であったと捉えることができる。

毛利家は、慶長九（一六〇四）年に輝元が長門国萩城に本拠を構えて以降、二六〇年間もの間、防長二国の大名として存続したが、その間、歴代藩主は教育を尊重し、藩政改革に臨んでは藩校明倫館を中心とした教育振興策を常にその一環に組み込んでいたといわれる。[10]また、萩本藩の他に、長府（豊浦）・徳山・清末・岩国の四支藩が存在し、各々藩校を運営していた。

明治二年六月、毛利元徳（徳山藩主広鎮の一〇男）が養父敬親の跡を受けて最後の山口藩主となるが、本書で対象とする毛利家とは主に彼の時代のことである。元徳は廃藩置県によって山口藩知事から華族に列せられ、明治一七年には公爵となって社会奉仕活動に貢献したが、同二八年に病死した。廃藩置県によって東京に移住した後も常に旧領国や旧藩士・旧領民のことを気にかけ、多大の経済的援助を惜しまなかった。特に、旧藩士子弟の教育には強い関心を持ち、学校設立や防長教育会の創設に際しても、様々な手段で援助している。山口県が他府県に例を見ない学校体系を作ることができたのも、毛利家による莫大な寄付や資金提供の呼びかけがあったことが大きく影響したのであった。したがって、本書では、毛利家も長州閥の有力構成員と見なしたうえで、同家の動向についても視野に入れていくこととする。

第二節　長州閥による教育運動の開始

一　「防長教育振興運動」

明治一一年五月、山口上等小学（鴻城学舎）は私立（毛利家経営）の山口中学校へ、萩上等小学（巴城学舎）は萩分校となって、中学校が復活した。この私立中学校時代に定められた「山口県中学諸則」（明治一二年八月に文部省に伺いを立て、一二月裁可）[11]によれば、第一章校則第一条に「本校ハ小学卒業ノ者及ヒ卒業相当ノ学力アル者ニシテ年齢大凡満十四歳以上ノ者タルヘシ」と入学資格が示され、さらに第六章教則では「第一条　中学ハ高等普通ノ学科ヲ教授シ各自有為ノ志力ヲ養成スル所ナリ」、「第二条　中学学科ヲ尋常高等ノ二種ニ分チ尋常科ハ三年高等科ハ二年半合セテ五年半ノ修業トス」とあって、尋常中学科三年（六級）・高等中学科二年半（五級）の学科課程であったことが分かる。[12] そして、山口中学校には尋常中学科及び高等中学科の両者が、萩分校には尋常中学科のみが置かれた。だが、「山口県中学諸則」の作成は、明治一二年三月に初の通常県会において私立中学校を県立へ移管する方針が承認された後のことであるため、来るべき県立中学校開設のための準備作業であったと考えられる。実際に県立移管後もしばらくの間、この「山口県中学諸則」が使用されていた。学科については、「英書及漢書ヲ以テ普通ノ学科ヲ教授スル所トス其科目ハ文法、作文、地理、歴史、物理、経済、算術、簿記法等ナリ」[13] とされ、この中でも特に英学・漢学・算術が重視されていた。山口中学校は教員六名・生徒四三名、萩分校は教員七名・生徒五七名という規模[14] であり、両中学では普通教育が行われていたが、東京大学予備門等の中央の高等教育機関へ進学することはできなかった。

このような中学校の状況は、在京県出身有志の間で憂慮されるところとなり、明治一二年になると、彼らの間で「防長教育振興運動」[15] が発生することになる。この運動の趣旨は、旧藩校明倫館の教育精神を継承しながら中学校教育を充実させ、長州閥の後継者を養成することにあった。この運動の発起人は、江木・曽根・白根・周布公平であったが、彼らは第二世代に属していた。特に、当時、文部省学務課勤務であった江木が中心的役割を果たしていた。江木らが伊藤・井上・山県といった諸先輩を熱心に説いて回った結果、当初は慎重であった彼ら政府要人をも動かすこととなった。江木が起草した「山口県学事拡張方案要略」[16] では、明倫館の再興によって中学校教育を振興することを計画していた。計画自体は実現するに至らなかったが、山口明倫館を本校として、萩・豊浦・徳山・岩国に分校を置くという制度的大綱は、後の「県立五中学校制度」に影響を与えたものと考えられる。江木を中心とした運動は、伊藤・井上・山県といった政府要人をも巻き込んで在京山口県人全体の運動に発展していき、防長教育会の創設となって結実していくのであった。江木の回想によれば、政府要人の中で、特に井上が協力的姿勢を示し、毛利家からの資金拠出の仲介役を務めたことが分かり[17]、井上が政府内にあって郷里の学事振興の中心的役割を果たしていく。

「防長教育振興運動」は、第二世代によって始められ、これを第一世代が支援する形で展開していったことから、ここに長州閥による教育戦略の萌芽を見ることができるのである。即ち、江木の言葉に「堂々教育を振興して真に国家の用に立つべき人材を養成して邦家に報ゆる所がなくてはならぬ。是が歴代の旧藩主及二州士民の遺風を顕彰する所であると主張して居つた[18]」とあることからも、先輩が成し遂げた維新の大業を継承すべき人材を養成することが運動の目的であったことが分かる。したがって、長州閥による後継人材養成という教育戦略の創始は、明治一二年に始まった「防長教育振興運動」に求めることができるといえよう。

二　防長教育会の創設

長州閥による後継人材養成の動きと明治初年以来の教育授産の動きとが一本化したことを示す象徴的出来事が、明治一七年一〇月の防長教育会の創設であった。防長教育会の特質としては、同様な団体の中では類例のない資金力を有していたことばかりでなく、その創設に際して、毛利家及び政府要人を中心とした長州閥のみならず、農商も含めた多くの山口県民の参加が見られたことと、さらには、県当局及び県会がこれを全面的に支持する一致協力の体制が取られたことにあるとされる[19]。つまり、山口県民及び在京山口県人の教育運動団体としての性格を有するものが防長教育会だったのである。そして、同会の創設には、長州閥のリーダーたちが大きく関わっていたことはいうまでもない。

防長教育会創設の発端は、明治一七年一月に井上馨（参議・外務卿）が帰郷した際、毛利元徳からの依頼によって県下の学事視察を行ったことにあるとされる。井上は、県立五中学校の不備や資金不足、士族の窮乏等の報告を行い、井上や山県の進言もあって、毛利家は防長教育会創設に向けた動きを始めていく。まず、創設資金として、毛利本家が一〇万円（年賦寄付は廃止）、長府毛利家が一万円（年賦寄付は継続）、徳山毛利家が一、〇〇〇円、清末毛利家が三〇〇円、岩国吉川家が公債証書額面二万円（年賦寄付は廃止）を寄付することになり、さらには在京在県の関係者にも資金寄付の呼びかけを行った。明治一七年一〇月に発表された「私立防長教育会趣意書」は資金寄付の勧誘文であるが、この作成にあたっても、「私が役所の部下であつて山口行の随行員にも加へた所の阪根正夫氏に旨趣を授けて執筆せしめ、それから勝間田稔氏の一二の修正意見を容れて作成したるものであります。是は元徳公の御閲覧を経て印刷に付し山口に携帯撤布したのでした[20]」とあるように、江木が中心的役割を果たしていた。

明治一七年一一月、毛利元徳の名代として世嗣の元昭を始め、徳山毛利元功・岩国吉川重吉といった毛利一門や井上・江木らの一行が大挙して寄付勧誘のために山口県下に赴いた。一一月中旬〜一二月上旬にかけて、山口中学校や萩・豊浦・徳山・岩国の各分校を視察する一方、所々で演説会を開いて防長教育会創設の趣旨を説明し寄付を呼びかけて回った。

「私立防長教育会趣意書[21]」では、「今切ニ憂フヘキモノハ唯中学校ノ一事ニアリトス」として、中学校教育の充実が急務であり、このことはまた、困窮士族に対する教育授産にもつながるとしたうえで、「我防長ノ昔日ヲ視ヨ、先公夙ニ学事ヲ奨励シ、人材ヲ培養シ、天下済々多士ノ称アリ」として、人材を輩出した長州藩の栄光を取り戻すよう訴えかけている。結局、旧藩主自らの寄付勧誘が功を奏し、政府要人や県出身官吏を始め、士民を問わず県関係者から多くの寄付が順調に集まり、明治一八年末には資金総額は三〇万四、九一五円九一銭八厘となり、同二〇年末には、同年の山口県の地方税収入（三八万四、五五四円）に近い三八万四九九円八六銭三厘という巨額に達し、さらに増えていった[22]。このように潤沢な資金があったからこそ、山口県は独自の進学システムを形成することができたのであった。

防長教育会が創設されると、江木・白根・桂太郎によって「私立防長教育会規則」が作成されて会則が決まり、役員が選出された。役員（任期・報酬なし）は、会長、副会長、顧問、幹事、副幹事によって構成されたが、会長には毛利元徳、副会長には旧四支藩主、顧問には井上が就任した。当初、幹事及び副幹事は三五名であったが、このうち、確認できる限りでは、第一世代に属する者が一八名なのに対し、第二世代は江木・白根・周布・乃木希典・服部一三の五名に過ぎず、第一世代が中心的役割を果たしていた。

資金調達や役員構成の状況からも分かるように、長州閥がその総力をあげて結成した教育団体が防長教育会だったのであり、長州閥による教育戦略の強力な財政支援組織だったのである。

第三節　「県立五中学校制度」の成立

一　県立中学校設立の機運

「防長教育振興運動」が発生したのとほぼ同時期、県内でも士族子弟の教育のために本格的対策を講じようとする動きが起こっていた。即ち、中学校教育を刷新して中央の高等教育機関への進学階梯たらしむることが本格的に計画・実行され始めたのである。

その最初の動きとして、士族授産の機関である士族就産所（明治九年八月に授産局が改組）の第一回総会が明治一一年一〇月に開かれ、「就産金の利子を以て中学校程度の学校を設立し、士族の子弟を入学させ[23]」という中学校設立案が提出されたことをあげることができる。結果的にこの案は否決され、士族就産所の利益配分案の方が可決されてしまった。士族の窮乏が深刻であったため、中学校設立は実現するには至らなかったが、士族にとって「将来の活路を開く[24]」ものとして中学校教育が捉えられていたのであった。

県の内外で盛り上がった中学校教育振興を求める機運に呼応して、県当局としては、明治一二年三月、初の通常県会において、県当局は中学校補助費（九〇〇〇円）を計上し可決された。県当局は、私立の山口中学校及び萩分校に対してその経費を補助することによって、漸次県立に移管する方針を立てていたのである。さらに、県当局は旧藩主毛利本家及び各分家（長府毛利・徳山毛利・岩国吉川）、在京県出身有志、県内有志等から寄付金を募り、これらをまとめて「中学資本金[25]」として県立中学校の経営資金とし、県当局も自ら明治一一年度の県税剰余金のうち、二万円を割いてこれに加えた。この時、原保太郎県令の意を受けて上京し、毛利家との折衝にあたったのが進十六書記官であった。進書記官と江木との会談が、仲介役の玉乃世履（岩国藩士出身、初代大審院長）邸で行われたが、両者の意見は一致しなかった[26]。玉乃は第一世代に属し、江木らの運動に支援を惜しまなかったといわれる。結局、当分の間、江木らの運動と県当局の政策とは別々に行われていくこととなった（前出のように、防長教育会の創設によって合体）。

県当局が集めた「中学資本金」は、私立山口中学校及び萩分校の学校資本金三万三、一五六円に加えて、旧本藩主毛利元徳からの寄付金四万円（年額四、〇〇〇円・一〇年間）や長府毛利元敏からの五、〇〇〇円（年額五〇〇円・一〇年間）、徳山毛利元功からの五〇〇円（一時金）、岩国吉川経健からの七、〇〇〇円（年額七〇〇円・一〇年間）

など、毛利一族からの新たな寄付金をはじめ、多くの旧藩関係者の寄付金や県費支出金から成っており、「県令ノ管掌スル所ノ別種金[27]」とされた。

神辺靖光氏は、この「中学資本金」が先例となって「府県立学校幼稚園書籍館等設置廃止規則」(明治一四年一月制定)第八条の「府県立学校幼稚園書籍館等ハ地方税ヲ以テ設置スルヲ常トスルト雖モ亦府県知事県令ノ管掌ニ係ル別種ノ資金ヲ以テ之ヲ設置スルコトアルヘシ[28]」という規定が作られたのではないかと推測し、また、それを可能にする背景が当時の山口県にはあったとしている(例えば、江木は文部省勤務であった[29])。

また、荒井明夫氏も、旧藩主や有志の寄付金等による中学校を県立、即ち、「公立」と捉えていることから、文部省の教育政策を先駆けたとし、「諸学校通則」の先駆的形態を作ったとしている[30]。両氏の指摘にも見られるように、山口県の県立中学校の財源は、当初から他府県にはない特異なものであり、新しい「公立」概念を全国に先駆けて作ったということができる。

さらに、中学校補助費や県税剰余金の支出に際しての県会論議において、中学校設立に対する反論は全く出ておらず、むしろ中学校教育の拡張を望む意見が大勢を占めていたということも、県立中学校廃止論で県会が紛糾していた他府県とは異なる山口県の特質であるといえる。山口県の場合、県立中学校に対する県民の支持や期待が大きかったと考えられるのである。

県立中学校設置の準備を終えた県当局は、明治一三年六月、県下を五中学区に分け、各中学区に県立中学校を一校ずつ設置する旨の布達を発し、ここに山口・萩・豊浦・徳山・岩国中学校が設置されることとなった。このうち、山口・萩中学校については「山口・萩両校ノ儀ハ従来毛利元徳私立ノ学校ヲ換ヘテ県立ノ学校トナシ[31]」とされ、豊浦中学校については私立豊浦学舎(明治八年に旧長府藩関係者が子弟教育のために設立)を改組し、徳山・岩国中学校については「岩国・徳山ノ如キハ従来頼テ以テ県立トナスヘキ各種学校ノ如キモノアラス乃チ客歳新タニ之ヲ設置スルモノナリ[32]」とされ、旧本藩及び支藩の所在地すべて（清末藩は除く）に県立中学校の設置を見たのである。

学科課程は尋常中学科三年・高等中学科二年の計五年制とされ[33]、山口中学校には両者が、他の四校には尋常中学科のみが置かれた。したがって、「山口中学校ニ於テ初等及高等科ヲ設ケ而シテ他ノ四中学校ニ於テ初等科ヲ卒業セシモノハ悉ク山口中学校ニ進学セシメ[34]」とあるように、各中学校の尋常中学科を卒業した者が山口中学校の高等中学科に進学し、さらに上級学校への進学を目指すという組織となっていた。それに加えて、「山口中学校ニ於テ更ニ其優等ナル者ヲ選ヒ貸費生トナシ東京官立学校ヘ進学セシメント欲ス（中略）即チ山口県中学校ノ目的ナリ[35]」という県当局の計画が、明治一六年六月になって「山口県中学校学資給与規則[36]」の制定という形で実現した。高等中学科在学生や高等中学科を卒業して東京大学予備門等の上級学校へ進学する者に対しては、学費を支給する奨学制度が実施されたのである。

このように、県内の小学校（小学校中等科）を卒業した者が、初等中学科に入学し、高等中学科を経て中央の高等教育機関に進学するという組織が作られていたのである（明治一七年一月、「中学校教則大綱」に準拠して尋常中学科は初等中学科と改称されて四年制となるが、高等中学科は年限・名称とも従来のまま）。

また、五中学校の経費は、前出の「中学資本金」の利子及び中学校補助費（明治一七年度より中学校費と改称）と称する地方税の補助や授業料によって賄われており、県庁管理の下に一括して予・決算が執行されていた。

二　中学校組織化の過程

県立五中学校が設置されて半年後の明治一三年一二月に「教育令」が改正され、これを受けて翌一四年七月には

「中学校教則大綱」が制定された。このため、山口県においても従来の「山口県中学諸則」を改定する必要に迫られ、明治一五年一二月に教則及び試験規則から成る「山口県中学校諸則」[37]が制定されたが、完備した内容ではなかったため、早くも翌一六年五月には全面的に改定されている。

明治一六年の「山口県中学校諸則」は、「第一編教則」、「第二編試験規則」、「第三編校則」の三編二三章一二二条及び学科配当表や使用教科書表から成る整備された内容である。この中で特に重要なものが、「第一編教則」であり、「第一章教養《ママ》ノ目的」、「第二章学科ノ区分」、「第三章修業年限及学級」、「第四章学年及学期」、「第五章授業ノ日及時」、「第六章教授要旨」、「第七章学科ノ課程」に区分されるが[38]、教則の中の教育の目的、学科区分及び学科の種類、修業年限等は、「中学校教則大綱」の規定とほぼ同一のものである。学科課程及び修業年限が、初等中学科四年（一〜八級）・高等中学科二年（一〜四級）とされたことを受けて、明治一七年一月の県布達によって、山口中学校には初等・高等中学科の両方が、他の四校には初等中学科のみを置くことが定められた[39]。このような移行措置を経て、明治一七年三月より「山口県中学校諸則」は実施されるに至ったのである。

高等中学科が山口中学校のみに置かれたため、各校の初等中学科を終えて進学する者は山口中学校高等中学科に進まざるを得ず、事実上山口中学校が本校、他は分校の関係に立っていた。すでに、明治一四年段階で、県当局は「山口中学校ヲ以テ他ノ四中学校ヲ統轄シ他四中学校ヘハ所謂初等中学校ノミヲ施シ、特ニ山口中学校ニ於テ初等科高等科ヲ設ケ而シテ他ノ四中学校ニ於テ初等科ヲ卒業セシモノハ悉ク山口中学校ニ進学セシメ[40]」との将来計画を立てており、同一六年段階では「急設スヘキ須要ナルモノ[41]」として「中学校ノ規模ヲ変更シ山口ヲ本校トシ其他ハ分校トシテ生徒ノ養成学校ノ管理ヲ均一ナラシムル事[42]」をあげていた。

明治一七年二月、萩・豊浦・徳山・岩国の四中学校はすべて山口中学校の分校とされて、ここに高等教育機関進学を目的とした「県立五中学校制度」が完成したのであった。折しも、文部省が「中学校通則」(明治一七年一月制定)で中学校の基準強化方針を示していたこともあって、中学校充実のための財政支援組織として、明治一七年一〇月には防長教育会が創設された。つまり、防長教育会は「県立五中学校制度」の整備・拡充を直接の目的として創設されたのである。この結果、年額五、〇〇〇円の県費支出(中学校費)を除けば、県立中学校諸経費のほとんどが同会によって賄われることとなり、表面上は県立であったが、事実上は県と同会の共同経営となった。同会は山口中学校の校舎改築を行う等、積極的に中学校教育支援策を打ち出していった。海原徹氏が指摘するように、(43)明治一六年の「山口県中学校諸則」の制定は、文部省が要求する学科や程度といった一定の基準に、山口県独自の「県立五中学校制度」を適合させるという意味を出るものではなく、むしろ文部省の一元的・画一化政策との対応関係における山口県独自の中学校政策の法制化ないし制度化であったという点は重要である。山口県では、文部省の政策を上手にかわしながら、あくまでも独自の中学校教育を貫いていったのである。

第四節 「県立五中学校制度」の特質

一 学校管理組織

「県立五中学校制度」の特質は、まずその学校管理組織面において見られる。管理・運営規定である「山口県中学校職制事務章程」(明治一六年七月制定、明治一三年六月の県立中学校設置の際に制定された「山口県中学職務章程」に事務分課の規定を加えて改定したもの)が「県立五中学校制度」完成直後の明治一七年三月に改定されて分校条例が加えられた。これが「山口中学校職制事務章程并分校条例(44)」である。この時の改定は五中学校の組織化に対応したものであり、管理組織が一層明確化された。

「山口中学校職制事務章程」では、まず校長の職務として、「本分校ヲ管理シ教員職員ヲ統轄シ、其進退ハ県令ニ具状シ」、「本校ノ教則諸規則等ニ付キ意見アルトキハ県令ニ具申スルコトヲ得」、「生徒ヲ監督シ之ヲ賞罰進退ス」等とあって、教職員及び生徒を管理する権限を有することが規定され、教諭については「校長ノ指揮ヲ受ケ生徒ヲ教授ス」とあって、校長の監督下に生徒の教育に携わることが規定されていた。だが、校長は県令の指揮を受けて権限を行使できることとなっており、五中学校に関する最終決定権は県令が握っていた。この点について、神辺氏が「第二次教育令以後、県令の教育上の権力が強化されたが、それは小学校の学務委員に対するもので、この時期、中学校長に対して県令の権限を明確化した例は少ない(45)」と指摘しているように、特異な学校管理規定であったといえる。

また、「分校条例」では、「第一条　分校ノ一切ノ事務ハ山口中学校長ニ於テ之ヲ総管セシメ、教員書記ハ皆本校ヨリ派遣ス」、「第二条　分校ニ於テハ幹事一名ヲ置キ教員若クハ書記ヲ以テ之ニ充ツ其職権左ノ如シ　一教員書記ヲ統率シ其能否勤惰ヲ視察シ本校校長ニ具状スルヲ得　一生徒ヲ監督シ其賞罰進退ヲ本校校長ニ具状スルヲ得（中略）　一事ヲ本校長ニ受ケ校務ヲ整理ス」、「第三条　分校在勤ノ教員書記筆生ハ幹事ノ指示ニ従ヒ各其職務ニ従事スヘシ」とあって、分校の教職員はすべて山口本校から派遣することとし、さらには幹事（事実上の分校長）の職務権限についても規定され、山口本校長の指揮を受けてすべての分校校務を統轄するものとされていた。特に、生徒の監督のみならず、分校教職員の勤務状況についても本校長に上申することと規定されている点は注目され、教職員及び生徒管理が徹底していたことが分かる。県当局の管理下に、山口中学校及び四分校が組織化され、県令の指揮・命令が円滑に行き渡る仕組みになっていたのである。

二　教職員の状況

では次に、教職員の状況について、「県立五中学校制度」が完成した明治一七年を事例として見てみたい。山口中学校の場合、開校当初は私立時代の教職員がそのまま留任し[46]、萩・豊浦中学校の場合も各々萩分校・私立豊浦学舎の教職員が留任し、徳山・岩国中学校については新採用されたと考えられる。明治一七年当時、五中学校の教員の職階は、一〜三等教諭、一〜三等助教諭、準助教諭、講師、雇教員と細分化されていた[47]。四方一㳽氏は、明治一七年の教職員状況について詳細に検討しているが[48]、これによれば、教員数は山口一一名、萩一〇名、豊浦一〇名、徳山八名、岩国九名の計四八名であり、特に山口中学校の増加率が大きいとされる。

中心校たる山口中学校の校長は、開校当初は、県学務課長であり山口県師範学校長でもあった長屋又輔が兼任したが、明治一六年二月に長屋が内務省へ転出した後は、山中函三（同校書記）が校長代理を務めていた。そこで、「『教育を振興するには先づ教育の首要部に其人を得なくてはいかん』と云ふ説が出来た[49]」との状況下で、校長人選活動が始まることとなる。この活動でも江木が中心的役割を果たし、原県令等とも相談のうえ、まず、秋田県学務課長の頓野馬彦（萩藩士出身）を県学務課長に迎えることとなった。さらに、山口中学校長には、当初、島根県令の境次郎（萩藩士出身、吉田松陰門下）が内定していたが、原県令の反対によってとりやめとなり（自分の先輩を部下に使うわけにはいかないという理由で）、結局、桂太郎の推薦によって、当時、東京控訴裁判所判事であった河内信朝が決定した（萩藩士出身、明治一六年八月校長就任）。校長の決定にあたっては曲折を経たが、山県有朋や山田顕義といった政府要人も人選に関わっていた事実が確認される[50]。一校長人事に政府要人までが動いていたという事実からも、長州閥と山口県の教育との関係を推し量ることができるのである。

また、教職員個人に関することとして、四方氏は次の三点を指摘している。まず第一に、山口県出身、それも士族出身者が多いということである。[51] 具体的に検討してみると（史料としては、山口県文書館蔵の『山口中学校本分校　明治十七年報』を使用）、全教職員五九名の中で山口県出身者は五三名（八九・八%）であり、そのうち、士族は四九名（八三・一%）である。このことから、教職員のほとんどが旧山口本・支藩出身の士族によって占められていたことが分かる。第二に、教員一人あたりの担当学科が多く、最高では九学科にのぼり、三学科担当の者が最も多かったということである。[52] この理由としては、財源不足が考えられ、制度的には整備されたかに見えても、その実、財政基盤は脆弱であったといえるのである。これを裏付ける事実として、教職員の俸給が極めて安かったため、文部省から県当局に対する照会文書（明治一七年三月一日付）の中で、「四分校共教員給料額ノ如キハ尚寡少ニシテ」[53] と指摘されている。第三に、全体的傾向として、和漢文・修身・歴史・地理担当の者が多く、特に和漢文担当教員の占める割合が多かった（一九名）ことから、伝統的な教科観・教師像がうかがわれるということである。[54] だが、四方氏の指摘する学科ばかりでなく、英語一三名、数学二〇名と、これら二学科担当者もかなりの人数にのぼっている。教員数は「山口県中学校諸則」に規定された各学科の授業時間数に対応しているのであり、和漢文担当教員数のみが突出していたわけではないのである。

三　生徒の状況と進学成果

初等中学科八級（一学年）への入学資格は、明治一六年制定の「山口県中学校諸則」の「第三編校則」第五〇条によれば、「中学校ヘ入学スヘキ者ハ小学中等科卒業以上ノ者及ヒ卒業相当ノ学力アル者タルヘシ」とあって、さらに、第五一条には「小学卒業ノ者ハ其証書ヲ持参シテ検視ヲ受ケ、然ラサル者ハ左ノ定格ノ試験ヲ受クヘシ（以下略）」とあり、小学校中等科卒業者は無試験入学の資格を有するとされたが、それと同等の学力を有する者は読物・作文・算術・地理・歴史・物理の試験を受けて入学を許可された[55]。当初、小学校中等科卒業者及び同等の学力を有して入学試験に合格した者の両方を合わせた数が募集定員を超過した場合は、さらに両者対象に選抜試験を実施していた。だが、明治一九年六月以降、小学校中等科卒業者の数が募集定員を超過した場合のみ全入学志願者対象に入学試験を実施することとし、小学校中等科卒業者の数が募集定員に満たない場合は、その不足分について同等の学力を有する者を試験によって選抜することとした。

学期は、九月一日から翌年二月二八日までの前期と三月一日から七月三一日までの後期の二学期制であり、通常は九月に入学試験が実施されたが、退学生徒分の欠員補充のために後期初めの三月に実施することもあった。

では、実際の入学試験の状況はどのようなものだったのであろうか。例えば、明治一八年の山口本校では「本年初等八級入学試験ノ数一回ニシテ之ニ応シタル志願者ハ一百十八人内入学ヲ許シタル者三十三人也[56]」とあり、同一九年の豊浦分校では「年内入学試験ノ数一回ニシテ之レニ応シタル者五十二名内試験合格ノ上初等八級へ入学シタル者三十人[57]」、同年の徳山分校では「年内入学試験ノ数一回ニシテ志願者人員五十六名内合格ノ上入学シタル者初等八級へ三十三人[58]」とあって、二〜三倍程度の倍率があったことが分かる。各校ともかなり多くの入学志願者を集めていたのであり、小学校中等科卒業者の無試験入学の規定はあったものの、実際は試験によって入学者が選抜されていたのであった(この他、初等科八級入学者以外に、各級への途中入学者も存在した)。

次に、かなりの倍率の入学試験によって選抜された生徒の状況を見てみたい。第4表は五中学校の生徒数の一覧である。

この表から、明治一九年を除けば、各校の生徒数はおおむね増加傾向にあることが分かり、特に、初等中学科・高等中学科の両方を備えた山口中学校の規模が最大であったことが分かる。これら生徒の族籍については、判明す

第4表　山口県立5中学校生徒数一覧（明治17年2月より山口中学校及び4分校）

年次	山口	萩	豊浦	徳山	岩国	計
明治13年	35	41	57	40	34	207
14年	56	45	57	37	55	250
15年	52	60	52 (51)	86	48	298 (297)
16年	114	68	73	74	32	361
17年	129	95	97	115	77	513
18年	134	95	114	115	80	538
19年	137	82	112	105	60 (53)	496 (489)

（注）『山口県学事第一年報　自明治六年　至同十六年』，『山口県学事第二年報』，『山口県学事第三年報』，『山口県学事第四年報』，『文部省第八年報』～『文部省第十四年報』の各年版，『山口県山口中学校　明治十五年報』，『山口中学校　明治十六年報』，『山口中学校本分校　明治十七年報』，『山口中学本分校　明治十八年報』，『山口中学本分校　明治十九年報』より作成。なお，明治15年の豊浦については，『文部省第十年報』には51名とあり，同19年の岩国については『山口中学本分校　明治十九年報』には53名とあるため，各々（　）に記した。生徒数の調査時期は各年次によって，若干異なる。

る明治一七年の場合、山口一二九名（士族九一・平民三八）、萩九五名（七三・二二）、豊浦九七名（七〇・二七）、徳山一一五名（六一・五四）、岩国七七名（五四・二三）となっており、全中学を通しての士族率は六八・〇％とかなりの高率となる。このことから、五中学校は士族子弟を中心とした学校であったということができ、県立中学校設置の目的はほぼ達せられていたといえる。

山口本校及び各分校の初等中学科を終えた者は、本校の高等中学科に進学することとされていたが、実際に進学した者はどのくらいいたのであろうか。第5表は初等中学科（明治一五～一六年は尋常中学科）が初の卒業者を出した明治一五年から一九年までの初等中学科（尋常中学科）卒業者数及びその中の高等中学科進学者数の一覧である。

第5表から、初等中学科卒業者のすべてが高等中学科に進学したわけではないことが分かり、明治一七～一九年の卒業者に占める進学率を見ると、四七・八％

第5表　山口県立5中学校初等中学科（明治16年までは尋常中学科）卒業者数一覧

年次	山口	萩	豊浦	徳山	岩国	計
明治15年	5 （0）	2 （不明）	3 （不明）	0	0	10 （不明）
16年	6 （6）	4 （不明）	17 （不明）	0	0	27 （不明）
17年	4 （4）	4 （3）	11 （2）	7 （2）	3 （2）	29 （13）
18年	6 （3）	4 （1）	7 （1）	5 （5）	2 （0）	24 （10）
19年	3 （3）	5 （1）	3 （1）	5 （5）	0	16 （10）

（注）（　）は卒業者中の高等中学科進学者数である。『山口県学事第一年報　自明治六年　至同十六年』，『山口県学事第二年報』，『山口県学事第三年報』，『山口県学事第四年報』，『文部省第八年報』～『文部省第十四年報』の各年版，『山口県山口中学校　明治十五年報』，『山口中学校　明治十六年報』，『山口中学校本分校　明治十七年報』，『山口中学本分校　明治十八年報』，『山口中学本分校　明治十九年報』より作成。なお，明治15年の山口中学校初等中学科卒業者数については，前出史料では不明であるため，『山口高等商業学校沿革史』（147頁）の記載にしたがって5名とした。また，同19年については，『山口県教育史』下巻（山口県教育会，1925，復刻版第一書房，1982，224～225頁）によれば，山口は3名（1名），豊浦は卒業者なし，岩国は3名（3名）となっている。

となり、半分程度しか進学していなかった。

では、高等中学科に進学しなかった者はどのようになったのであろうか。例えば、明治一七年の徳山分校では「三名ハ師範学校へ二名ハ私立武学講習所へ入学セリ[59]」とあり、同一九年の萩分校では「一名ハ山口県尋常師範学校へ一名ハ大坂私立予備学校へ入学シ此外他へ遊学シタル者二名ナリ[60]」とあることから、高等中学科へ進学せずに他の学校へ進学していた者も相当数いたことが分かる。高等中学科の生徒数・卒業者数及び卒業者の進路は第6表の通りである。

明治一八年一〇月卒業の四名が、「山口県中学校諸則」に基づく最初にして最後の卒業者ということになり、このうちの二名は学費を支給されて東京大学予備門に進学している。全国的にまだアーティキュレーションが成立していなかった時期にあって、「中学校教則大綱」の規定に準拠した、初等中学科→高等中学科という

第6表　山口中学校高等中学科生徒数・卒業者数・卒業者進路一覧

年次	生徒数	卒業者数	卒業者の進路
明治15年	9	1	不明
16年	7	0	
17年	21	0	
18年	13	4	東京大学予備門2名，明治法律学校1名，「遊学スルモノ」1名
19年	14	0	

（注）明治15年の卒業者1名は「旧教則」によるものであり，詳細は不明である。『山口県学事第一年報　自明治六年　至同十六年』，『山口県学事第二年報』，『山口県学事第三年報』，『山口県学事第四年報』，『文部省第八年報』～『文部省第十四年報』の各年版，『山口県山口中学校　明治十五年報』，『山口中学校　明治十六年報』，『山口中学校本分校　明治十七年報』，『山口中学本分校　明治十八年報』，『山口中学本分校　明治十九年報』より作成。

進学階梯を踏んで東京大学予備門に進学した者がわずか二名であるが存在していたのである。

四　学習活動の特質

「県立五中学校制度」は進学制度であったため、その教育活動には進学を意識した様々な特質が見られた。初等中学科の学科は「修身和漢文英語算術代数幾何地理歴史生理動物植物物理化学経済記簿習字図画及唱歌体操」の一九学科とされ、高等中学科は「初等中学科ノ修身和漢文英語記簿図画及唱歌体操ノ続ニ三角法金石本邦法令ヲ加ヘ又更ニ物理化学ヲ授クルモノトス」の一二学科とされたが（「山口県中学校諸則」の「第一編教則」第三～四条[61]）、これらは「中学校教則大綱」の示す学科と同一のものであった。また、毎週の授業は初等三一時間、高等二九時間とされており（「第一編教則」第一〇条）、月～土曜日の毎日五時間程度の授業が行われていたことが分かる。

試験については、担当教員の意思によって学期（前・後期）ごとに四～五回、随時行われる臨時試験と、学期末の七・二月に行われる定時試験とがあった。特に、定時試験については、進級・卒業試験の意味も持っており、その成績は特に重視されていた。例えば、「定時試験ヲ施行セントスルトキハ予メ其期日ヲ定メ廿日以前ニ県庁ヘ届ケ出テ且其学区内ニ報告スヘシ」(「山口県中学校諸則」の「第二編試験規則」第三五条)[62]とあって、実施に際しては事前に県庁に届出の義務があり、「定時試験ヲ施行スルトキハ成ルヘク生徒ノ父兄ヲシテ参観セシムルヲ要ス」(「第二編試験規則」第三六条)[63]とあるように、保護者の参観も必要とされていた。また、「定時試験ノ一覧表及各等科卒業生徒ノ優劣一覧表ハ県庁ニ差出シ生徒ヘ付与シ及県立学校ヘ回付シ学区内ニ掲示スヘシ」(「第二編試験規則」第三九条)[64]とされて、成績一覧表が県庁に提出されるばかりでなく、学区内に掲示された。さらに、成績優秀者に対する賞品授与や臨時昇級の措置も講じられていた。[65]このように、生徒の学習熱を煽り立てる様々な手段を講じることによって、成績至上主義が貫かれていたのであり、すでにこの段階から、後の進学熱を予感させていたのであった。

また、「山口県中学校諸則」の中の教則の一部が明治一七年一月に改正されて、外国語については英語とドイツ語の選択必修になった。この措置について、神辺氏の指摘するところによれば、当時の中学校としては特異な例であり、その背景には「大学進学を目的とするこの中学校の性格が読みとれる[66]」としている。

五　中学校組織化の歴史的意義

明治一九年四月、中学校制度の基礎を固めた「中学校令」が公布されたことによって、中学校は尋常(五年制)・高等(二年制)の二段階に区分されることとなった。このような「中学校令」下にあって、山口県では独自の歩みをたどってきた進学教育を存続させるために、全国唯一の特異な学校体系を作った。これが山口高等中学校及び予備門五学校から成る学校体系であった。官立を設置主体とした高等中学校であるが、「中学校令」と同時に公布された「諸学校規則」第一条には「師範学校ヲ除クノ外、各種ノ学校又ハ書籍館ヲ設置維持スルニ足ルヘキ金額ヲ寄付シ、其管理ヲ文部大臣又ハ府知事県令ニ願出ルモノアルトキハ之ヲ許可シ、官立又ハ府県立ト同一ニ之ヲ認ムルコトヲ得」とあって、この規定を利用して、防長教育会の経営による山口高等中学校（予科三年・本科二年）を設立し、さらに、その予備門として、山口・萩・豊浦・徳山・岩国学校（当初は高等小学校別科、のち改称して五学校と総称）を配し、明治二八年に至るまであえて尋常中学校を作らなかったのである。山口県がこのような対応を取った最大の理由は、「県立五中学校制度」が完成した直後であったという特殊事情があげられよう。つまり、山口中学校及び四分校において行われた進学教育が、「中学校令」によって途絶えることのないように考案されたのが、この特異な学校体系であったといえる。したがって、「県立五中学校制度」が、「中学校令」を受けて山口高等中学校及び予備門五学校へと転換したと見ることができるのである。神辺氏は、明治一〇年代の中学校の諸事情が、学校令期において独自の体制を作った要因であるとしているが[67]、本書で主対象とする五学校についても突然出現したのではなく、実際には五中学校から連続しているのである。このことから考えて、明治一〇年代における中学校の組織化が、山口県独自の進学体系形成の直接の背景になったといえるのである。

注

（1）『国史大辞典』第一一巻、吉川弘文館、一九九〇、八一一〜八一二頁の「藩閥」の項（佐々木氏執筆部分）。
（2）同前。
（3）同前。
（4）佐々木隆「藩閥の構造と変遷——長州閥と薩摩閥——」（『年報近代日本研究一〇　近代日本研究の検討と課題』山川出版社、一九八八）。
（5）同前。
（6）同前。

（7）同前。佐々木氏は、伊藤・井上・山県・山田については「元勲級指導者」として国政の最高指導者であったとし、品川・野村については前者に準ずる「子爵級実力者」としている。
（8）『江木千之翁経歴談』上巻、江木千之翁経歴談刊行会、一九三三、復刻版大空社、一九八七、三一頁。
（9）例えば、少し時代が下がった明治二〇年代終わり頃のことではあるが、第一世代最年少に位置する桂太郎は、自分の属する陸軍については「三代四代の後継者を常に養成しつゝあり」とする一方、「先輩諸氏は年齢粗相同じ、故に其衰残するときは一時に凋零せん、此等の為に毫も準備を為さゞるときは、国家の為に甚だ憂慮すべきものとす」と述べて、長州閥の世代交代について心配していた（『桂太郎自伝』平凡社東洋文庫、一九九三、一七四頁）。
（10）『山口県教育史』山口県教育会、一九八六、一九～二〇頁。
（11）『文部省日誌』明治一二年第二三号（『明治前期文部省刊行誌集成』第二巻、歴史文献、一九八一）。なお、神辺靖光氏はこの時の尋常・高等という二区分の呼称は山口県独自のものであり、後の「中学校令」のヒントになったのではないかと推測している（「明治一〇年代における山口県の県立中学校」『兵庫教育大学研究紀要』第一〇巻、一九九〇）。
（12）『文部省日誌』明治一二年第二三号及び「明治十五年公立中学校一覧表」（『文部省第十年報』）による。これに対し、『山口県学事第一年報　自明治六年　至同十六年』（山口県文書館蔵）及び『山口高等商業学校沿革史』（山口高等商業学校、一九四〇、九八頁）では、尋常中学科三年・高等中学科二年としている。
（13）「学事巡視功程」文部大書記官野村素介、明治一三年二月（『文部省第八年報』）。
（14）同前。
（15）この呼称は、当時のものではなく、麻生誠氏が『大学と人材養成』（中公新書二二一、再版一九七八、九四頁）で使用したものであるが、呼称の妥当性から本書でも借用させていただいた。なお、『山口高等商業学校沿革史』（一五七頁）では、「学事興張運動」としている。
（16）『江木千之翁経歴談』上巻（一六一～一六四頁）に所収。
（17）同前、一四七頁。
（18）同前、一四二頁。
（19）海原徹「山口県の中等教育」（本山幸彦編著『明治前期学校成立史』臨川書店、一九六五、復刻版一九九〇）。
（20）『江木千之翁経歴談』上巻、一五三頁。
（21）「私立防長教育会趣意書」（『山口高等商業学校沿革史』一五九～一六一頁、『防長教育会百年史』防長教育会、一九八四、二八～三〇頁）。なお、この「趣意書」には、出典によって、名称が若干異なるものや文面の異なるものが存在する。原本が存在しないので、ここでは最も取り上げられることの多い前記出典収載のものに拠った。

(22)『山口高等商業学校沿革史』一六五頁、『防長教育会百年史』三五～三六頁。
(23)井上馨侯伝記編纂会編『世外井上公伝』第三巻、内外書籍、一九三四、五六六頁。
(24)同前。
(25)『山口県学事第一年報　自明治六年　至同十六年』の「明治十四年」部分にこの言葉が初見。
(26)『江木千之翁経歴談』上巻、一四七頁。
(27)『山口県学事第一年報　自明治六年　至同十六年』の「明治十四年」部分。
(28)この規定が後の「諸学校通則」（明治一九年四月制定）第一条へと発展し、文部省または府県管理の私立学校を生み出していく。
(29)「明治一〇年代における山口県の県立中学校」。
(30)荒井明夫「山口高等中学校の性格と歴史的役割」（『地方教育史研究』第二一号、全国地方教育史学会、二〇〇二）。
(31)「甲第四十二号」（「明治期山口県布達類　五一」山口県文書館蔵）。
(32)「山口県々立中学校沿革」山口県文書館蔵。
(33)『文部省日誌』明治一二年第二二号及び「明治十五年公立中学校一覧表」（『文部省第十年報』）では、尋常中学科三年・高等中学科二年半としているのに対し、『山口県学事第一年報　自明治六年　至同十六年』及び『山口高等商業学校沿革史』（九八頁）では、尋常中学科三年・高等中学科二年となっている。ここでは、後者の記載にしたがった。
(34)『山口県学事第一年報　自明治六年　至同十六年』の「明治十四年」部分。なお、史料中には「初等科」とあるが、この時点ではまだ尋常科である。
(35)『山口県学事第一年報　自明治六年　至同十六年』の「明治十四年」部分。
(36)「山口県中学校学資給与規則」（『府県史料　山口県　四』山口県文書館、一九八九、一六五頁）によれば、第一条では「初等中学科ヲ卒業シ高等中学科ニ入ル生徒ニシテ学力優等品行端正ナル者ハ其通学宿学ニ関セス毎級人員ヲ限リ学資ヲ給与ス」とあり、第五条では「高等中学科ヲ卒業シタル生徒ニシテ学力優等品行端正体質強健ニシテ将来成業ノ目的アル者ハ特選ヲ以テ東京大学予備門ニ入レ続キテ大学本部ニ進学セシム此場合ニ於テハ往復旅費ハ勿論在学年限中学資ヲ給与ス」とあって、高等中学科を経て中央の高等教育機関へ進学する者に対して、県費から学資を給与して進学を援助することとなっていた。だが、明治一九年度以降は、高等教育機関進学者が増加したため、高等中学科在学者への給与は廃止された。なお、この制度は後に防長教育会による帝国大学留学生貸費制度に発展していく。
(37)「第一編教則」及び「第二編試験規則」の二編一九章二二条からなる内容は、ほぼ「大綱」に即したものであったとされる。『山口県教育史』下巻（山口県教育会、一九二五、復刻版第一書房、一九八二、二二八頁）及び四方一瀰「府県における中学校教則大綱準拠規則に関する基礎的考察（一）――埼玉県中学校模範規則と山口県中学校諸則――」（『教育学論叢』一、国士舘大学教育学会、一九八三）による。

(38)『府県史料　山口県　四』一一八～一四〇頁。

(39)同前、二六八頁。

(40)『文部省第九年報』。

(41)「将来学事施設上須要ノ件」（『文部省第十一年報』）。

(42)同前。

(43)「山口県の中等教育」。

(44)『府県史料　山口県　四』（三〇八頁）収載の史料では、「山口中学校職制事務章程并分校条例」とあるが、おそらく「県」の字が欠落したものと考えられる。

(45)「明治一〇年代における山口県の県立中学校」。

(46)『山口高等商業学校沿革史』一一六頁。

(47)「明治一〇年代における山口県の県立中学校」。

(48)「『中学校教則大綱』の施行と教員配備に関する一考察――山口県の事例を中心として――」（『教育学論叢』七、国士舘大学教育学会、一九八九）。

(49)『江木千之翁経歴談』上巻、一四七頁。

(50)同前、一四八頁。

(51)「『中学校教則大綱』の施行と教員配備に関する一考察――山口県の事例を中心として――」。

(52)同前。

(53)『山口高等商業学校沿革史』一五八頁。

(54)「『中学校教則大綱』の施行と教員配備に関する一考察――山口県の事例を中心として――」。

(55)『府県史料　山口県　四』一四四～一四五頁。

(56)『山口中学本分校　明治十八年報』山口県文書館蔵。

(57)『山口中学本分校　明治十九年報』山口県文書館蔵。

(58)同前。

(59)『山口県学事第二年報』、山口県文書館蔵。

(60)『山口県学事第四年報』、山口県文書館蔵。

(61)『府県史料　山口県　四』一一八頁。

(62)『府県史料　山口県　四』一四〇頁。
(63)同前。
(64)同前。
(65)『山口中学校本分校　明治十七年報』、『山口中学本分校　明治十八年報』、『山口中学本分校　明治十九年報』。
(66)「明治一〇年代における山口県の県立中学校」。
(67)同前。

第四章　山口高等中学校予備門五学校の成立

問題の設定

明治一九年四月の「中学校令」公布によって一元的な中学校制度が成立するが、これに対して、山口県では他府県とは全く異なる対応を取った。すでに明治一〇年代半ばに、山口中学校を本校とし、萩・豊浦・徳山・岩国中学校を分校として、中央の高等教育機関進学を目指す「県立五中学校制度」が成立していたが、このような従来の進学教育を存続し、さらにそれを推進するために、独自のアーティキュレーションを作ったのである。具体的には、「中学校令」の規定する尋常中学校をあえて作らず、防長教育会経営の山口高等中学校（予科三年・本科二年）を設立し、その予備門として山口・萩・豊浦・徳山・岩国学校（総称して五学校、当初は高等小学校別科と呼称、四年制）を配して、山口県の子弟に限っては、尋常小学校四ヶ年→五学校四ヶ年→山口高等中学校予科三ヶ年→同本科二ヶ年→帝国大学という進学階梯を作ったのであった。これは諸学校令によって成立した全国的なアーティキュレーションとは別系統のものであった。そのうえ、山口県独自のアーティキュレーションは、全国的なアーティキュレーションが機能し始める（明治二〇年代末〜三〇年代初め）のに先立って実際に機能し、一定の進学成果をあげていたのである。

山口県の学校体系については、先行研究もその特異性に注目しており、竹内洋氏は長州閥の生き残りをかけた中央への巧妙な人材送出策であったとの視点から捉えているのに対し、天野郁夫氏は士族に対する教育授産策であったとしている。(1) いずれにしても、これらの先行研究は山口高等中学校（明治二七年九月より山口高等学校に改組）を主な考察対象としており、山口県の進学システムの要である五学校については、『山口高等商業学校沿革史』（山口高等商業学校、一九四〇）においてその概略が述べられているに過ぎず、具体的な教育活動や教育成果等は十分明らかにされていない。だが、山口県の進学教育の特質を明らかにするためには、他に全く例を見ない五学校にこそ着目する必要があると考える。つまり、山口県の進学教育の象徴的存在である五学校について、なぜこのような進学教育のみを行う学校が設立されるに至ったのか、そして山口高等中学校進学という目的のために教育活動にはどのような特色が見られたのかということを検討することによって、近代日本における進学教育の特質の一端が明らかになると考えるのである。

そこで、本章では、五学校の設立経緯を明らかにし、さらにその教育目的や学科課程・教科書・授業といった学習活動についても明らかにすることによって、五学校の教育の実態に迫りたい。

第一節　「中学校令」に対する山口県の対応

「中学校令」が山口県にとって打撃的であったのは、次の二点においてである。

第一に、山口県から帝国大学へ直接に進学する途が閉ざされたことである。「中学校令」では帝国大学への進学機関として高等中学校が登場するが、この高等中学校を設置しなければ山口県から帝国大学へ直接に進学することは不可能となったのである。中学校を大学への進学階梯として強く意識してきた山口県にとっては、これは緊急を要する事態であった。

第二に、「中学校令」の規定によって、府県立尋常中学校が各府県一校に限定されたため、従来の「県立五中学校制度」の維持が不可能になったことである。「県立五中学校制度」は旧藩以来の県内各地の地域バランスを考えてのものであり、これが消滅することは中学校教育の危機を意味したのであった。

これらの問題点を克服し、従来の進学教育を存続させるために考案されたのが、山口高等中学校及び高等小学校別科（後の五学校）からなる学校体系の構築であった。まず、防長教育会の考えでは、山口中学校を県立尋常中学校とし、他の四分校は同会の私立にしようとしていた。[2] さらに、「諸学校通則」第一条[3]の規定により、同会の寄付金によって高等中学校を設立することも考えていた。だが、県の財政難から県立尋常中学校の設立は困難であり、そこで、県当局が同会と協議のうえ具体策を立て、その過程で同会顧問の井上馨外相の指示を仰ぐことになった。[4]

この際、県当局の中心になったのは、原保太郎知事であったが、では、五学校自体は誰が考案したのであろうか。

これについては興味深い史料がある。「中学改正案[5]」と題する文書には、一四項目にわたって山口中学校を高等中学校に改組する際の留意点が列挙されている。五学校関係としては、まず、第二項に、

一　高等中学校ハ本科ノ外別ニ予備甲科ヲ置ク
但予備科ハ甲乙ニ分チ甲科三ケ年乙科四ケ年トス
其学科及程度ハ別表ニ依ル

とあり、新設される予定の高等中学校の予備科として、甲乙の二種類が構想されていたことが分かる。また、第七・八・九・一〇・一一・一二項には、

一　高等中学校ノ予備乙科ハ山口萩豊浦徳山岩国ノ五ケ所ニ之ヲ置ク

一　前項予備乙科ハ各地ノ公立小学校ノ別科トシテ之ヲ置キ其教場ハ山口、、、、其他ハ従前ノ四分校ヲ以テ之ニ充ツ
一　予備乙科ノ経費ハ一ケ年金壱千円トシ此金額ハ区町村教育補助費ヨリ支弁ス
一　予備乙科ノ外国語ハ英語ニ限ル
一　予備乙科ノ経済ハ小学校ノ経済ト共通スルモノトス
一　予備乙科ノ管理ハ左ノ人員ヲ以テ之ニ任ス
主幹一人　山口ヲ除クノ外郡長ヲ以テ之ニ充ツ
教員三人以内

などとある。さらに、この「中学改正案」には第2図のような「別表」も添付されており、表中の数字は年齢を表していると考えられる。

ここでいう「予備甲科」とは高等中学校予科（三年制）のことを指し、「予備乙科」とは五学校（四年制）のことを指すと考えられる。「予備乙科」は高等中学校の予科補充科に相当するものともいえようが、年限が異なっており、「公立小学校ノ別科」と称するとしていることからも、山口県独自の特異な学校であった。この「中学改正案」は原知事から井上外相に宛てた書簡（明治一九年七月三〇日付）に添付されていたことから、[6]五学校は原知事を中心とした県当局関係者が考案したものと考えてほぼ間違いあるまい。さらに、「中学改正案」が添付されていた原知事から井上外相宛書簡にも、「四分校ノ代理トシテ今後設置セントスル中学校予備科」[7]とあって、このことが裏付けられる。そして、五学校の構想について、原知事にアドバイスを与えたのが井上外相ではなかったかと考えられ

る。[8] また、この書簡で原知事は、山口中学校を一旦防長教育会の私立にした後、高等中学校に改組する案も述べているが、これは実現しなかった。

　この後、原知事は「中学校管理之義ニ付伺」（明治一九年九月二三日）[9]、「中学校管理之件ニ付願」（同年一〇月二〇日）[10]を森有礼文部大臣に提出して、山口中学校を「諸学校通則」第一条による防長教育会経営・文部大臣管理の山口高等中学校に改組することの許可を求めた。明治一九年一一月五日に許可が下り、同月二〇日に文部省告示によって山口高等中学校の設置が決定した。山口高等中学校の開校に伴って、四分校も予備学校に改組されることになり、まず、明治二〇年一月一八日に発せられた「其校各分校之義ハ自今其校トノ関係ヲ解キ当庁ニ於テ直ニ管理ス此旨相達候事」[11]という県通達によって、分校事務は県庁管理とされた。さらに、同年三月二六日に県当局から山口高等中学校に対して、「今般中学組織改正ニ付テハ生徒ノ義モ三月三十一日限リ悉皆廃止候條初等科第四級以上ノ者ハ山口高等中学校予科ヘ其五級以下ノ者ハ山口諸他ノ高等小学校別科ヘ適宜轉学候様[12]」という指令が出され、旧山口中学校本校及び四分校の中に高等小学校別科なる学校が設置されることになった。それとともに、所在地各郡の郡長が管理することとなり、旧県立中学校費（年額五、〇〇〇円）が区町村教育補助費と改名されて各校一、〇〇〇円ずつの県費支出がなされ、これと授業料（一人あたり月額五〇銭）が学校財源とされた。

　当初、県当局は五学校を高等小学校として出発させ

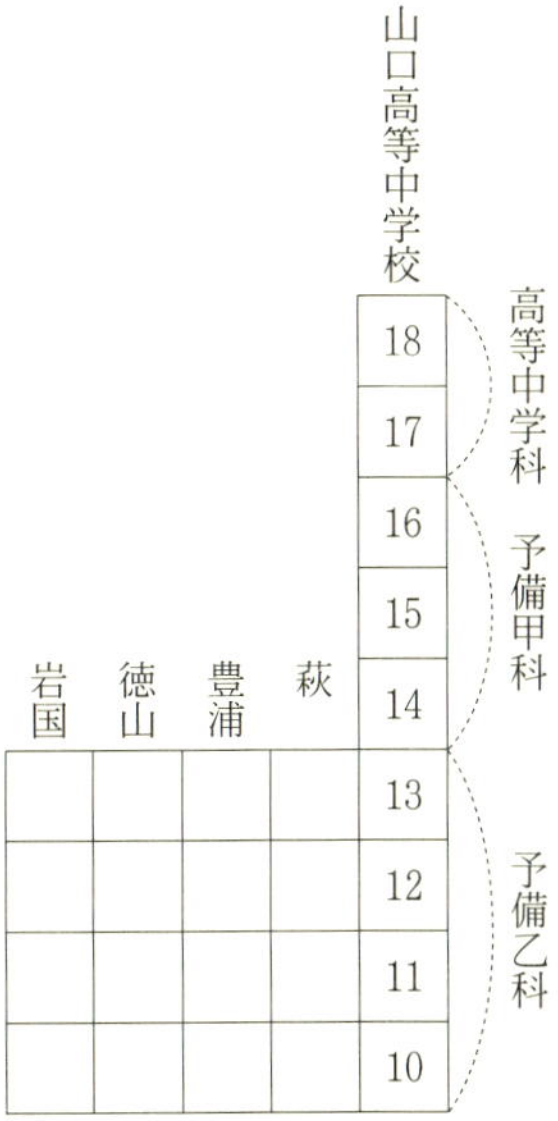

第２図　「中学改正案」に添付の「別表」

る予定であったと考えられる。[13] これに対し、防長教育会は五学校を尋常小学校として出発させる計画を立てていた。[14] ところが、防長教育会の計画通りに尋常小学校とした場合、町村費と授業料によって学校経費を賄わざるをえなかったため、森文相の内々の指示によって尋常小学校の学科に一～二学科を加えて各種学校に準ずることとしたという。[15] この間の事情について、「忠愛公伝」（第九編第三章第五節）では、

山口中学校を高等中学校に改制せるに際して従来の萩中学校外三校をば尋常小学となす事に決せしが（中略）然るに之を尋常小学になさば村費と授業料によりて経費を償はざるを得ざるを以て文部大臣の内諭に基き適宜に一二科を加へ各種学校に準ぜしめたり

と述べている。以上のような経緯によって、県当局が計画した高等小学校に「別科」が加わったものが名称として決まり、[16] 学校の性格は各種学校とされたのである（『文部省年報』では各種学校として登録されている）。

第二節　五学校の教育目的

一　設立当初の五学校

新制度への改組に伴って、明治二〇年四月、旧山口中学校本・分校から生徒の移行措置が取られた。山口高等中学校予科二学年には旧高等中学科一～四級（二～一学年）の生徒が、予科一学年には旧初等中学科一～四級（四～三学年）の生徒が編入された。[17] 当初、山口高等中学校に本科は設置されておらず、予科卒業者の進学に伴って明治

萩学校教員室

（出典　『山口県立萩高等学校百年史』萩高等学校，1973）

二二年九月に設置された。さらに、高等小学校別科四学年には旧初等中学科五～六級（二学年）の生徒が、三学年には旧初等中学科七～八級（一学年）の生徒及びその他試験合格者が編入され、一学年は欠き、一学年には旧小学中等科一年級以上の生徒を無試験で入学させ、募集人員を超過する時は試験を行うこととした。[18]これらの移行措置から分かるように、五学校は旧山口中学校本・分校の初等中学科低学年（一～二学年）を中心として成立したのであった。

明治二〇年四月から五学校は授業を開始するが、当初は高等小学校別科という特異な名称で出発したため、普通の小学校と混同されやすく、同年一二月の通常県会でも高等小学校別科についての質疑が相次いだ。[19]この時、主に問題となったのは、学校系統上における高等小学校別科の位置づけについてであり、いかなる目的で高等小学校別科を置いたのか、また、高等小学校別科は他府県の学校の場合、どの学校に該当するのか等の質問が相次いだ。特に、名称については、一二月五日の区町村教育補助費第二次会において、本間延介議員が「少シク問ヒタキコトアリ、彼ノ高等小学校別科ハ二十一年度マテニハ其名ヲ変スルコトナキヤ[20]」と質問したのに対し、大多和可也県属は「名称ハ当時取調中ナリ[21]」と答弁して名称変更を示唆する発言をしている。このように、高等小学校別科という名称は学校系統上の位置づけが分かりにくかったため、明治二〇年一二月二七日の県告示によって、校名を山口・萩・豊浦・徳山・岩国学校と改称した。五学校の総称はこれに由来するのである。

二　五学校の存在意義 ―― アーティキュレーションの要としての五学校 ――

五学校は、それまでの県立五中学校が改組され、山口高等中学校の予備門として設立されたのであるが、果たして予備門としての機能しか持たなかったのであろうか。この当時、帝国大学に進学するためには、尋常小学校（四ヶ年）→高等小学校（二学年修了）→尋常中学校（五ヶ年）→高等中学校本科（二ヶ年）→帝国大学と進学するのが、最短コースとされていた（第3図及び第4図参照）。しかし、実際には、尋常中学校入学者のほとんどが高等小学校四年卒業者によって占められており[22]、尋常中学校を卒業しても、高等中学校の入学試験に合格するのは至難の業であった。そのうえ、高等中学校に合格できたとしても、本科ではなく予科に編入されるのが一般的であった。つまり、初等、中等、高等教育のアーティキュレーションが十分に機能していなかったため、文部省の考える学校系統通りには進学できず、数年の余分な年月を費やさなければならなかったのである。

これに対し、五学校は、尋常小学校卒業者を直接受け入れ[23]、四年後にはその卒業者を山口高等中学校予科に無試験入学させるという極めて「効率の良い」[24]学校であった。学校系統的に見れば、五学校は高等小学校一～二学年と尋常中学校一～二学年に相当し（第4図参照）、高等小学校から尋常中学校への進学にあたって生じる二年の無駄が省けるのであった。そして、五学校の三～四学年と山口高等中学校予科三年間との計五年間で、尋常中学校に相当する学科課程を修了できた。この「効率」については、県当局も「尋常小学ヨリ尋常中学ニ入ルニハ其間二ケ年ノ損アルモノナレトモ、本県設クル所ノ高等小学別科ハ即チ此二ケ年間ヲ損スルコトナク、尋常小学ヲ卒ヘ高等中学

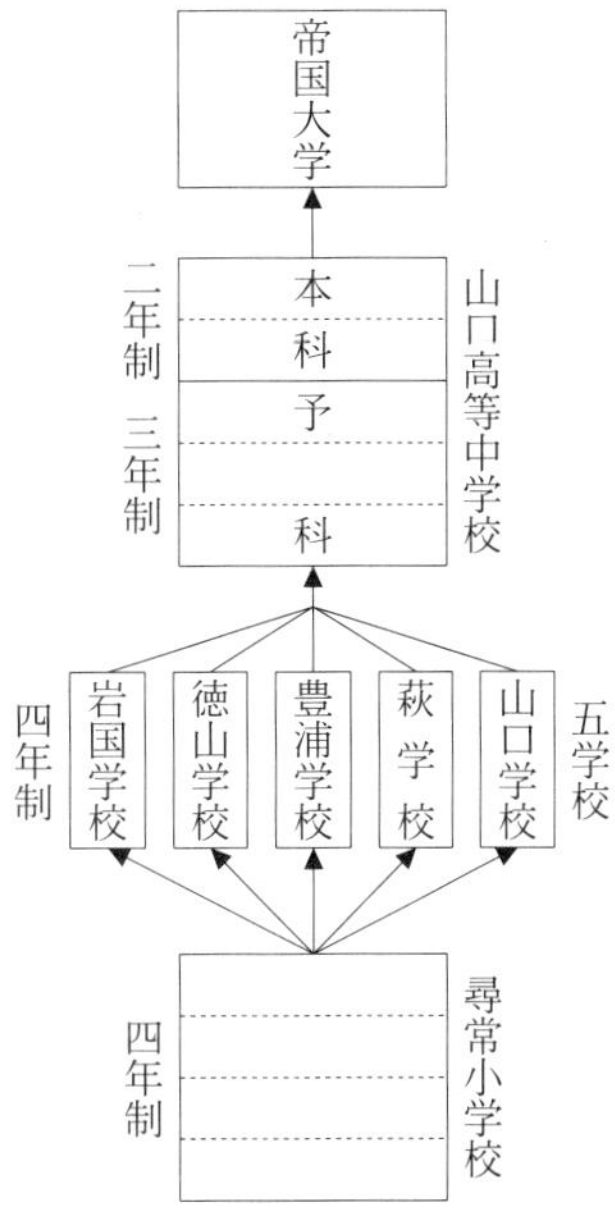

（注）『山口高等商業学校沿革史』（187頁）の表を一部修正して収載。

第3図　山口県の学校体系

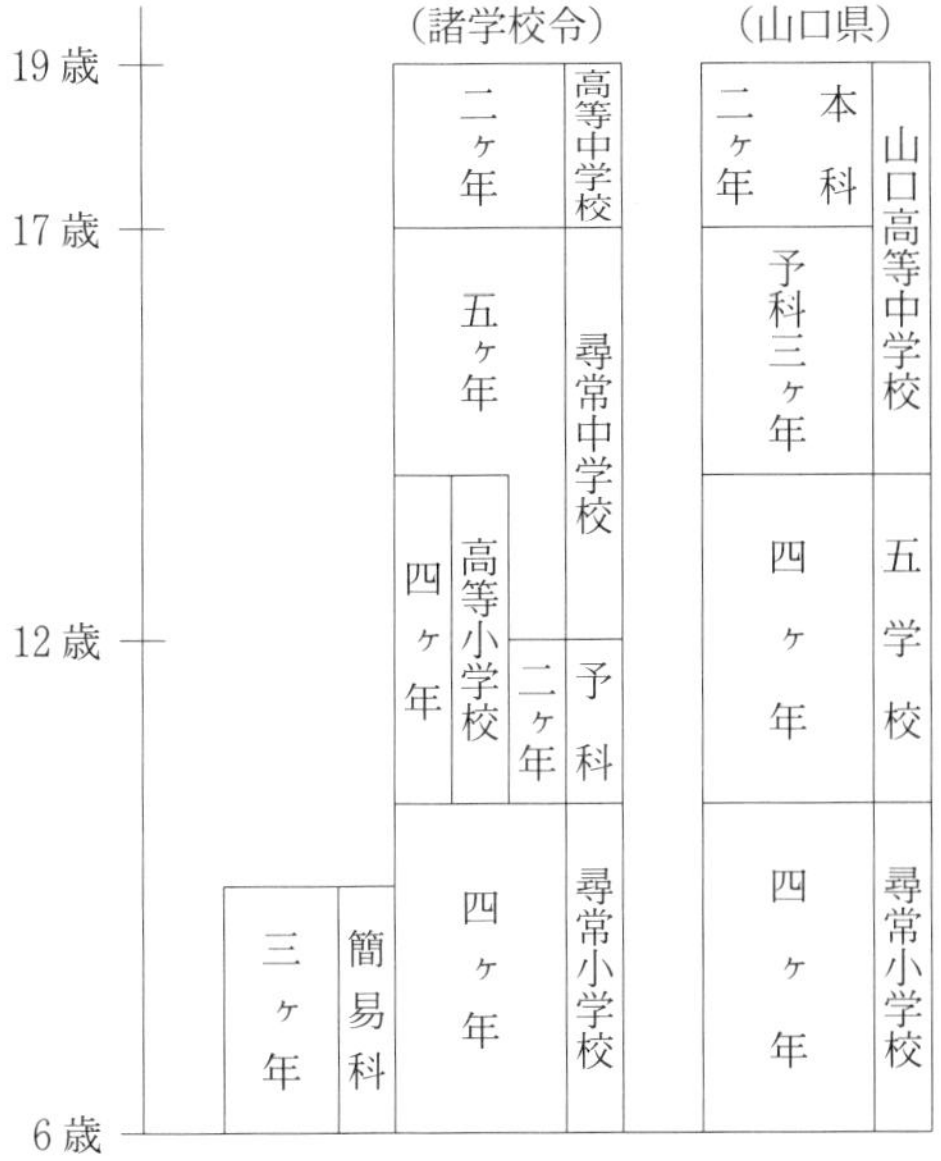

（注）「高等中学校進学課程表」（『山口県政史』上，山口県，1971，500頁）を一部修正して収載。

第4図　学校系統比較表

ニ入ルモノ、連鎖タルニ外ナラサル必要物ニシテ尋常中学ヨリモ却テ便ナルモノナリ㉕」との見解を述べていることから、五学校設立の重要目的であったことが分かる。

　正規のアーティキュレーションが十分に機能していない全国的状況下で、山口県だけは中等学校としての五学校を作ることによって、初等教育から高等教育に至るアーティキュレーションを上手に機能させようとしていたのである。このことから、五学校は山口県の青少年を時間的無駄なく最短期間で帝国大学に進学させるという重要な目的も担っていたことが分かるのである。

　重要な目的を担って誕生した五学校であったが㉖、その規模はどのようなものだったのだろうか。五学校全体の教職員数は、明治二〇年代半ばから終わりにかけて四〇〜五〇名程度であり、その中でも山口学校が十数名と群を抜いて多く、他校は数名程度であった。[27]生徒数については、設立当初、五学校全体で三〇〇〜四〇〇名程度であったが次第に急増していき、二〇年代終わりには一、〇〇〇名を超えるまでに増えている。[28]このうち、山口学校が特に多く、例えば、明治二七年時点で、五学校全体で一、〇二三名中、山口学校は三二一名であった。[29]

第三節　五学校の学習活動

一　学科課程と授業用図書

五学校の学期は、二〜四学年については、九月から翌年八月までの三学期制を、一学年のみは尋常小学校との連絡のため、四月から翌年八月までの四学期制を採っていた。[30]

五学校の学科は、修身・国語及漢文・外国語・地理・歴史・数学・博物・物理・化学・習字・図画・唱歌・体操の一三学科であった。[31]これらの学科は、「尋常中学校ノ学科及其程度」（明治一九年六月制定）にあげられた尋常中学校の学科（一五学科）[32]とほぼ同じであり、尋常中学校の場合は、修身ではなく倫理が置かれ、第二外国語と農業という選択科目が設けられていた。このことから、五学校の学科課程は尋常中学校のものに準拠して作られたと考えられる。

第7表は五学校の学科課程と教科書・参考書を記載した「学科程度及図書配当表」であり、それを基にして毎週の授業時間数を学年・学科ごとに表示したものが第8表である。

週あたりの時間数で見た場合、国語及漢文（一七・五％）、外国語（二〇・〇％）、数学（二〇・〇％）が多いのが目立ち、これら三学科だけで、毎週時間数の四年間合計の五七・五％も占めている。さらに、これに次ぐのが体操、図画、習字などであった。一方、歴史・地理や博物・物理・化学などの自然科学系学科の時間数は少ない。五学校は四年制、尋常中学校は五年制であったため単純には比較できないが、一年間の授業日数は両者とも四〇週であるが、毎週授業時間数は五学校が三〇時間なのに対し、尋常中学校の標準は二八時間であった[33]。尋常中学校も、国語及漢文・第一外国語・数学の三学科だけで毎週時間数の五年間合計の四八・六％（国語及漢文一四・三％、第一外国語二〇・七％、数学一三・六％）を占め、これら三学科重視の傾向が強いが、五学校の方がより一層この傾向が強く、むしろ高等中学校予科補充科におけるこれら三学科の割合（五五・八％、このうち第一外国語は三〇・〇％[34]）に近いといえよう。山口高等中学校の授業についていける程度の学力をつけさせるためには、これら三学科を重視する必要があったためと考えられる。

学科内容でみると、国語及漢文は五学校・尋常中学校とも、講読・作文中心の内容であるが、英語と数学では違いが見られる。英語では、尋常中学校が一学年から会話を課しているのに対し、五学校では一学年には課していない。これは、英語未履修の尋常小学校卒業生が入学してくることに配慮したものと考えられる。また、数学については、尋常中学校の場合、一学年から幾何が登場するのに対し、五学校では一〜二学年の間は算術の復習に費やされ、幾何や代数といった本格的数学が登場するのは三学年になってからである。これも、尋常小学校卒業生を直接受け入れることになっていたための配慮の一つであったといえよう。また、体操・図画の毎週時間数は五学校・尋常中学校ともほぼ同じであり、体操については高学年（五学校では三〜四学年、尋常中学校では四〜五学年）に兵式体操が課されている点も共通している。唱歌については、尋常中学校では「当分欠ク」ことができるとされて、実際には課されなかった学校が多かったのに対し、五学校では全学年に課すこととなっており、習字についても、

第7表「学科程度及図書配当表」(明治二二年一二月二二日制定)

学科＼学年	第一学年			第二学年		
	週一時授業数	課程	図書	週一時授業数	課程	図書
修身	一	人倫道徳ノ要旨	文部省 △布氏道徳学 第一編 宮内省 △幼学綱要	一	人倫道徳ノ要旨	△布氏道徳学 第二編第一章ヨリ第二章第三節ニ至ル △幼学綱要
国語及漢文	六	講読 作文	三島毅訂正 笠間益三編纂 ○小学中学用読本 一・二・三	六	講読 作文	○小学中学用読本 四・五・六
外国語	六	綴字 読方及訳解 書取習字	ウエブストル ○綴字書 ニューナショナルリードル ○第一 スペンセリヤン ○習字本	六	読方及訳解 書取及会話 習字	ニューナショナルリードル ○第二 バーテル ○会話書 ○習字本
地理	二	地理ノ緒論 日本地理ノ初歩	若林虎三郎著 △地理小学	一	万国地理ノ概要	パーネス △コンプリートジヨグラヒー
歴史	一	伝記体ノ談話	大槻盤渓著 △刪修近古史談 頼久太郎著 △日本外史	一	日本歴史	三島毅編纂 ○小学日本歴史
数学	六	算術ノ初歩	未定	六	算術	未定

博物	物理	化学	習字	図画	唱歌	体操	計
			二	二	一	三	三〇
			楷書	自在画法	単音唱歌	軽体操	
			未定	文部省編纂 ○小学習画帖 第四第五ノ上半	文部省音楽取調掛編纂 △小学唱歌集 同 △小学唱歌集掛図	松石安治編述 △隊列運動 坪井玄道 田中盛業編纂 △普通体操書	
一			二	二	一	三	三〇
博物示教			楷書 行書	自在画法	単音唱歌	軽体操	
松本駒二郎編 △動物小学 松村任三編 △植物小学			未定	○小学習画帖 第五ノ下半第六	文部省音楽取調掛編纂 △小学唱歌集 同 △小学唱歌集掛図	松石安治編述 △隊列運動 坪井玄道 田中盛業編纂 △普通体操書	

学年	学科	修身	国語及漢文	外国語	地理歴史	数学	博物
第三学年	一週授業時数	一	五	六	一　一	四　二	二
	課程	修身	国語及漢文	読方及訳解 書取 会話綴文	地理歴史	算術 平面幾何学	博物
	図書	△布氏道徳学 第二編第四節ヨリ終マデ △幼学綱要	曽先之編次 ○十八史略 一・二・三	○第ニューナショナルリードル三 バーテル ○会話書	地理歴史	未定 ウヰルソン氏 ○幾何学	小藤文二郎著 △金石学
第四学年	一週授業時数	一	四	六	二　一	二　二　二	
	課程	修身	国語及漢文	読方及訳解 書取 会話作文	日本地理 万国歴史	算術 平面幾何学 代数学ノ大意	
	図書	△布氏道徳学 第三編 △幼学綱要	○十八史略 四・五・六・七	○第ニューナショナルリードル四	山田行元編述 △中地理書 二・三・四 スヰントン △万国史	未定 ウヰルソン氏 ○幾何学 田中矢徳編 ○代数教科書	

物理	化学	習字	図画	唱歌	体操	計
		二	二	一	三	三〇
		習字	図画	単音唱歌 複音唱歌	軽体操 兵式体操	
		習字	○小学習画帖 第七	単音唱歌 複音唱歌	△普通体操書 △体操教範柔軟ノ部 陸軍省（明治二十年十一月出版） △歩兵操典（生兵部） 陸軍省（明治二十年五月出版）	
二		一	二	二	三	三〇
物理及化学示教		行書 草書	図画	単音唱歌 複音唱歌	軽体操 兵式体操	
△普通物理小学 後藤牧太 住田昇 同著 △学校用物理書 山岡謙介訳 △小学化学書 市岡盛三郎訳 △小学化学初歩 平松知貞著		習字	○小学習画帖 第八	単音唱歌 複音唱歌	△普通体操書 △体操教範柔軟ノ部 陸軍省（明治二十年十一月出版） △歩兵操典（生兵部） 陸軍省（明治二十年五月出版）	

△ハ参考書　○ハ教科用図書トス

（注）『山口高等商業学校沿革史』（二八四～二八七頁）より収載。学科名・書名等の旧漢字は適宜新漢字に改めた。書名は出典の表記通りに掲げた。

第８表　五学校の学科及び授業時間数一覧

学科＼学年	１学年	２学年	３学年	４学年	４年間合計（％）
修身	1	1	1	1	4 (3.3)
国語及漢文	6	6	5	4	21 (17.5)
外国語	6	6	6	6	24 (20.0)
地理	2	1	1	2	6 (5.0)
歴史	1	1	1	1	4 (3.3)
数学	6	6	6	6	24 (20.0)
博物		1	2		3 (2.5)
物理・化学				物理及化学示教 2	物理及化学示教 2 (1.7)
習字	2	2	2	1	7 (5.8)
図画	2	2	2	2	8 (6.7)
唱歌	1	1	1	2	5 (4.2)
体操	3	3	3	3	12 (10.0)
１週間計	30	30	30	30	120

（注）「学科程度及図書配当表」より作成。数字は毎週の各学科の授業時間数を表す。なお，外国語は英語に限られていた。

尋常中学校では一～二学年のみに課されたのに対し、五学校では全学年に課している。さらに、五学校では倫理ではなく修身が課されたが、一～二学年の授業内容は尋常中学校の倫理と同じ「人倫道徳ノ要旨」とされていた。地理・歴史や博物等の自然科学系学科の時間数が少ないのも五学校と尋常中学校に共通した傾向であったが、毎週時間数の全学年合計に占める割合から見ると、五学校の方がさらにこれらの学科の比重は低い（五学校は一二・五％、尋常中学校は一七・九％）。

以上のことから、五学校の学科課程の特徴として次のことがあげられる。第一に、尋常中学校と同様、英語・数学・国語及漢文の比重が高く、これら三学科中心の学科課程だということである。第二に、唱歌や習字といった学科が尋常中学校と比べて重視されたことである。これは、尋常小学校卒業生を直接受け入れることとなっていたため、十代前半という生徒の年齢を考慮したことが主たる理由であったと考えられる。進学に備えて英・数・国漢を重視する一方、尋常中学校と比べて唱歌や習字も重視するという、一見相反する内容を盛り込んだものが五学校の学科課程であったといえる。

授業用図書は、教科書と参考書に区別されるが[35]、尋常中学校用と高等小学校用が混在していることが目につく。国語及漢文は一～二学年で三島毅訂正・笠間益三編『小学中学用読本』を使用し、三～四学年では尋常中学校用の『十八史略』を使用していた[36]。英語はすべての教科書が原書であり、当時の尋常中学校で一般的に使用されたウヱブストル『綴字書』、『ニユーナシヨナルリードル』、スペンセリヤン『習字本』等を使用しており[37]、教科書から見る限り、英語は尋常中学校に近い水準の授業を行っていたと考えられる。数学は三～四学年でウヰルソン『幾何学』、田中矢徳編『代数教科書』等の尋常中学校用を使用しており[38]、上級学年では原書も使用した尋常中学校に近い水準の授業を行っていたと考えられる。地理は一学年の日本地理では高等小学校用の若林虎三郎著『地理小学』（参考書）を、二学年の万国地理では尋常中学校用のパーネス『コンプリートジヨグラヒー』（参考書）を使用し、歴史も二学年の日本歴史では高等小学校用の三島毅編『小学日本歴史』を、四学年の万国歴史では尋常中学校用のスヰントン『万国史』（参考書）を使用するなど、学習内容によって尋常中学校用と高等小学校用を使い分けていた。博物（二学年）は松本駒二郎編『動物小学』と松村任三編『植物小学』（いずれも参考書）を使用し、物理及化学（四学年）は後藤牧太・住田昇著『普通物理小学』、山岡謙介訳『学校用物理書』、市岡盛三郎訳『小学化学書』、平松知貞著『小学化学初歩』（いずれも参考書）を使用しているが、これらは高等小学校用である[39]。図画は全学年で文部省編『小学習画帖』を、唱歌は一～二学年で文部省音楽取調掛編『小学唱歌集』（参考書）、同編『小学唱歌集掛図』（同）を使用している。

全体的に、高等小学校用を低学年に、尋常中学校用を高学年に使用する傾向が見られるが、必ずしもそうばかりとはいえない。地理や歴史のように学習内容によって高等小学校用と尋常中学校用を使い分ける場合や、博物・物理・化学のように、学年にかかわらず高等小学校用を使用する場合もあった。さらに、図画や唱歌はすべて高等小学校用を使用している点も注目される。このように、授業用図書の使用にあたっては、尋常中学校用と高等小学校用を学年、学習内容、生徒の理解能力等によって使い分けるなどの工夫をしている。生徒の実態に配慮したこれら授業用図書の特徴は、五学校の特異な学習活動の一端を物語っているといえよう。

二　授業の実態

次に、五学校の授業はどのような様子だったのだろうか。まず、日課表についてであるが、明治二七年度の豊浦学校一年B組の日課表によれば[40]、月〜土曜まで一日五時限授業であり、一時限あたりの時間はちょうど一時間であった[41]。一週間の総授業時間数は三〇時間であるが、最も多いのが英語の八時間であった（「学科程度及図書配当表」の規定では週六時間）。次いで、国語及漢文の六時間、数学の五時間（両者とも「学科程度及図書配当表」の規定では週六時間）が多い。また、週一時間が配当されていた唱歌の授業はない。各学科の時間数の増減とも考え合わせると、学校裁量で「学科程度及図書配当表」に規定された授業時間数を若干増減することができたものと考えられる。担当教員について見れば、豊浦学校の場合、国語及漢文を英語担当者が、数学を理化担当者が、図画を地理・博物担当者が、習字・英習字を校長（英語・理化・金石も担当）が教えたりしており[42]、必ずしもすべての学科の専門教員が揃ってはいない。各学科の授業時間数や担当教員の状況は、他の四校もほぼ同様の状況ではなかったかと考えられる。

五学校では、学校の性格上、設立当初より山口高等中学校の意向を受けて学校運営が行われていた。特に、明治二三年四月からは防長教育会が五学校の経営も行うこととなったため、山口高等中学校長が五学校総長を兼務し、山口高等中学校の中に五学校の校務を総括する五学校総務処が置かれることとなった。例えば、原知事から河内信朝山口高等中学校長に宛てた書簡（明治二一年一二月二六日付）[43]には、「該校ノ義ハ元来貴校予備ノ目的ヲ以テ設立シタルモノニテ、教則ハ当初御意見ヲ承ケ之ヲ制定シ、且教授上ノ手続等モ昨年打合セ会議等相開キ候事故、貴校ト充分連絡致居候様被考候ニ付」とあって、教授法についても山口高等中学校側から指示があったことがうかがえる。また、五学校の校長及び教員の合同会議も行われており[44]、山口高等中学校は教員をしばしば五学校に派遣し、授業や生徒の学力程度の視察も行わせていた[45]。

山口高等中学校の堅田少輔教諭（英語担当）の出張復命書（明治二〇年七月二九日付）[46]では、視察に赴いた徳山・豊浦両高等小学校別科の授業について鋭い指摘がされている。まず、徳山については、三学年の英語の授業を「生徒ノ発音低シテ明瞭ナラズ会話ノトキモ側ヨリ之ヲ聴クニ発音ノ正シカラザルニ因リ生徒ノ謂フコトヲ一モ解スルコト能ハザリキ」、二学年の英語の授業を「音声ノ抑揚等ヲ知ラザルヲ以テ読法基調ヲ得ズ」として、生徒の発音に問題があると述べている。一学年の数学についても「数学ハ総テ河村ノ受持ナリ、数学ノ経験アル人ノ如ク見レドモ、初学生徒ニ教授シ生徒ヲシテ数学ノ思想ニ富マシムルコトハ覚束ナシ」と教授法を痛烈に批判している。豊浦については、英語の授業の全体的講評として「外国語ハ学科担当法ノ宜シカラザル所アリ音読ト訳読ノ教授ヲ二人ノ教員シテ分担スルヲ以テ其進度ニ著シキ不平均ヲ生セリ○（ママ）三年生ニ訳読ヲ教授スルヲ視ルニ唯其直訳ノミヲ教授シテ文章ノ意義ヲ顧ズ其試業ノ如キモ直訳ノ正否ヲ以テ及落ヲ判定セリ」と述べて、二人の教員が分担することによる授業進度の問題や訳読の教授法の問題を指摘している。さらに、「生徒受持中ノ姿勢甚乱雑セリ、音読中モ生徒随意ニ体容ヲ為セリ」として、生徒の授業態度についても問題があるとしている。

また、山口高等中学校の谷田部梅吉教頭（数学担当）の「山口県萩豊浦徳山岩国出張復命書」（明治二〇年一一月一四日付）[47]には、「今回ノ出張ハ専ラ各地高等小学校別科授業法ノ良否及生徒学力ノ優劣ヲ視察シテ之ト山口高等中学校トノ脈絡ヲ貫通セシムルヲ以テ目的ト致候」とあって、谷田部教頭は山口高等中学校と高等小学校別科四校との連絡円滑化のため授業視察に赴いたことが分かる。各校の授業について、岩国は「英語ハ（中略）諸別科中最進歩セルモノト存候、数学モ新ニ授業法ニ改良ヲ加ヘ実施致居候」、徳山は「漢文科ノ授業法ハ最モ満足致候」、豊浦は「諸学科中数学画学ノ如キハ該校生徒ノ得意ト見受候而シテ英語ノ学力ハ諸別科中最劣等ニ有之書取作文等ニ於テ誤字脱字多キノミナラス書写ニ乱筆ナルハ驚入ル程ノ事ニ御座候」、萩は「英語ノ進度ハ最モ後レ居リ候ヘ共学力ニ至リテハ敢テ劣等トハ難申ト存候書籍器械ノ完備スルコト動植物金石等ノ標本充実スルコトハ遥ニ他校ニ優ル所ニ御座候」と述べて長短を的確に指摘している。そして、授業視察のまとめとして、「一　各学科ノ授業法就中画学数学漢文習字等ハ各別科其程度若クハ授業ノ順序ヲ異ニセリ、其之ヲ異セサルヘカラサルモノ及ヒ之ヲ異ニスルモ不利ナキモノハ事ノ止ムヲ得サルモノナリトイヘドモ、其他ハ可成丈一途ニ出テンコトヲ希望致候」と述べて、授業の程度や順序が各校同一になるよう求めている。

さらに、「別科改良ニ関スル意見ハ左ノ如クニ御座候」として、改良すべき点を五項目あげている。第二項では、「別科ヨリ各学科ノ教科用書、（実際代用シ居ルモノ）授業済ノ部分、進度、授業法、授業ノ順次ヲ申出シメ県庁及高等中学校ヨリ調査委員ヲ出シ進度及授業法等ノ異ナルモノニシテ之ヲ異ニスルノ必要アルモノ、外ハ一轍ニ出テシメンコトヲ計ルベキコト」とあって、県庁及び山口高等中学校が各校の授業管理を徹底し、授業の同質化を図るべきことを求めている。第三項では、「別科ノ地位ヲ同質ナラシムルコト」として、各校を同列化すべきだと主張している。第五項では、各校から山口高等中学校予科に入学した者の学力の均等化を図るため、仮入学させることを提案している（この提案は翌明治二一年に実現）。

これら二通の「復命書」から、五学校の授業の形態・教材・生徒の理解度等、授業の実態がよく分かる。特に、英語・数学の授業に強い関心が向けられており、教師の教授法についても鋭い観察が行われていた。これは、学科課程上、英・数重視であったというだけでなく、山口高等中学校の入学資格者の学力視察という観点からも当然だったといえる。つまり、五学校のすべての学習活動は、山口高等中学校進学という目的に大きく影響されていたのであった。一番問題となるのが生徒の学力レベルであるが、山口高等中学校の入学資格者としての学力は概ね維持されていたと考えられる。谷田部教頭の「復命書」のまとめには、「一　別科生徒ノ学力ヲ案スルニ目今ノ進度ノ割合ヲ以テ順進シ中途ニシテ故障ノ生スルコトナク且教員益ミ其授業法ニ改良ヲ施サハ別科ノ卒業生徒ハ高等中学校ニ入ルヲ得ルノ学力アルコト蓋シ保証セラルベシト存候[48]」と、一応の評価が下されているからである。

生徒の学力向上に不可欠なものが試験であったが、「山口県五学校通則」（明治二四年四月制定[49]）によれば、平素の試験には二種類あった。不定期に行うものを小試験といい、日頃授業中に担当教員の意思によって頻繁に行われていたことが、当時の生徒の日記から分かる[50]。一方、定期的に日程・時間割を予告して行うものを大試験といった[51]。明治二七年七月の豊浦学校一学年の「大試験時間割[52]」によれば、四日間かけて一日三～四科目が実施され、科目ごとに試験時間もまちまちであった[53]。この他、五学校共通の比較試験も実施されていた。これは山口高等中学校が主催するもので、同一問題を出題して各校生徒に成績を競わせ、生徒の学力向上と各校の学力均等化を目的とするものであった。明治二五年三月の比較試験は三学年を対象として行われた結果、五名の成績優秀者が選ばれ[54]、翌二六年三月のものも三学年を対象に行われて四名の成績優秀者が選ばれている[55]。このように学校間の試験競争が行われていたことから、五学校では成績至上主義が貫かれていたことが分かる。

進学教育一辺倒の一方、時には授業の成果を地域社会の人々に対して公開するということも行われていた。豊浦学校では、明治二七年五月一九～二〇日にかけて「私立豊浦学校展覧会」が行われている[56]。一年限りのものか、毎年定期的に行われていたかは不明だが、生徒の図画展示、理化学器械・動植物や金石の標本展示及び説明、電気及び化学実験、旧長府藩公所蔵の宝物・美術品の展示及び説明、郷土長州の先達の遺品展示及び説明などが行われて大盛況であったという（二日間で、学校所在地の長府村の人口をはるかに上回る八、五〇〇人余が訪れている[57]）。このような展覧会を通して、地域社会の理解や協力が得られるように学校の宣伝も行っていたのである。

三　教育活動の特質

以上の検討結果から分かるように、「中学校令」によって進学制度としての「県立五中学校制度」の存続が難しくなったため、これに代わるものとして考案されたのが山口高等中学校及び五学校からなる学校体系だったのである。五学校の制度は、原知事を中心とした県当局関係者によって考案され、その設立過程では、県当局が防長教育会の意見を聞きながらも中心的役割を果たしており、同会顧問の井上外相の影響力も大きかった。五学校の学校系統上における位置づけについても、県当局と防長教育会との間で意見の違いが存在していたが、文部大臣の内々の指示も踏まえた上で各種学校とし、名称は高等小学校別科として発足したのであった。

また、五学校は単に山口高等中学校の予備門たるにとどまらず、山口県の青少年を時間的無駄なく帝国大学へ進学させるために工夫がこらされた学校であることも分かった。このため、学習活動には様々な特色が見られ、尋常中学校に近い水準の教育が維持されていたと考えられる。つまり、五学校は帝国大学進学という最終目的のためにのみ存在した特異な中等学校だったのである。他府県の尋常中学校は、高等教育機関への進学ばかりでなく、地域の指導者養成や文化興隆という期待も担っていたが[58]、山口県では中等学校としての五学校は帝国大学への進学階梯の役割しか担っていなかった。これは、当時の山口県の政治的特殊性や山口県の中等教育が士族に対する教育授産として形成されたことに起因するところが大きかったものと考えられる。

注

(1) 竹内洋『日本の近代一二　学歴貴族の栄光と挫折』(中央公論新社、一九九九、五三〜六一頁)、天野郁夫『学歴の社会史』(新潮社、一九九二、一五〜二五頁)。
(2) 『防長教育会百年史』防長教育会、一九八四、五〇頁。
(3) 師範学校以外の学校で、学校経営資金を寄付して管理を文部大臣または府知事・県令に願い出る場合は、官立あるいは府県立と同等に扱うと規定されていた。官立を設置主体とした高等中学校を設立するため、この手段を取ったのであった。
(4) 「忠愛公伝」第九編第三章第五節、山口県文書館蔵。
(5) 「私立防長教育会関係山口高等中学校一件」山口県文書館蔵。
(6) この「中学改正案」には下書きも残されており、所々朱筆による訂正・加筆の跡がある。特に、「年七月三十日附知事ヨリ外務大臣ヘ御書面ニ添付」と朱筆による加筆の跡が残っていることから、原知事から井上外相宛書簡(明治一九年七月三〇日付)に、この「中学改正案」が添付されていたものと考えられる。このような事情から、「中学改正案」は原知事を中心とした県当局関係者の発案によると考えてほぼ間違いないであろう。
(7) 『山口高等商業学校沿革史』山口高等商業学校、一九四〇、一七四頁。
(8) 井上は「尋常中学校の下の級と高等小学校とは別種の学校とするに及ばぬ、同一の教育にして差支ない」という考えを持っていたという(『江木千之翁経歴談』上巻、江木千之翁経歴談刊行会、一九三三、復刻版大空社、一九八七、一五七頁)。
(9) 「私立防長教育会関係山口高等中学校一件」。
(10) 同前。
(11) 『山口高等商業学校沿革史』一七九頁。

(12) 同前、一八一～一八二頁。
(13)「私立防長教育会関係山口高等中学校一件」所収の「中学校ノ管理ヲ托スル前諮問」(県当局から防長教育会への諮問、明治一九年九月二二日付)には、「山口、萩、豊浦、徳山、岩国ノ高等五小学校」とある。
(14) 明治一九年一一月三〇日の防長教育会常務幹事会において、「尋常小学と改制して町村費を以て経営せしめ若干を教育会より寄附すべき事」が決定されている(「忠愛公伝」第九編第三章第五節)。
(15)「忠愛公伝」第九編第三章第五節。
(16) この高等小学校別科については、他県でも同様の名称が見られ、愛知県の宝飯高等小学校では正規の四ヶ年の課程の上に法令上規定のない二年制の「別科」が置かれており、尋常中学校の代替あるいは尋常中学校進学の準備教育の場として機能していた。この「別科」は、地域によっては「中学予備科」あるいは「補習科」と呼ばれ、「中学校令」によってそれまでの中学校が高等小学校に転換せざるをえなかった場合に置かれることがあったといわれる(三羽光彦『高等小学校制度史研究』法律文化社、一九九三、八一～八七頁)。だが、他県に類似の名称の学校があるにせよ、山口県のものは内容的にそれらとは全く異なるものであった。
(17)『山口高等商業学校沿革史』一八三頁。
(18) 同前、二八三頁。
(19)『明治二十年通常会　山口県会議事録』山口県文書館蔵、一七二～一九五頁。
(20) 同前、一八四頁。
(21) 同前。
(22) 米田俊彦『近代日本中学校制度の確立』東京大学出版会、一九九二、二七頁。
(23) しかし、実際は五学校入学者のほとんどが高等小学科を経ていた(詳細は第五章を参照)。
(24) ここでいう「効率の良い」とは、初等、中等、高等教育と進学するのに時間的無駄が少ないことをいう。山口県の場合、制度的には尋常小学校四ヶ年→五学校四ヶ年→山口高等中学校予科三ヶ年→本科二ヶ年の計一三ヶ年で帝国大学に進学できることとなっていた(第4図参照)。
(25) 明治二〇年一二月五日の通常県会における大多和県属の発言(『明治二十年通常会　山口県会議事録』一七七～一七八頁)。
(26) 五学校の経費は、当初、各校一、〇〇〇円ずつの地方税支出及び一人あたり月額五〇銭の授業料収入によって賄われていたが、明治二二年度から防長教育会の寄付金(各校四〇〇円ずつ)が加わり、さらに同二三年四月からは防長教育会が五学校の経営も行うこととなった。
(27)「私立防長教育会関係山口高等中学校一件」、『山口高等商業学校沿革史』(二八九頁)、『山口県教育史』下巻(山口県教育会、一九二五、復刻版第一書房、一九八二、三〇八～三〇九頁)より算出。教職員には、初め、校長、訓導、筆生の三種が置かれたが、のち、訓導は教員、筆生は書記と改められた。
(28) 詳細は第五章の第11表を参照。
(29) 「私立山口学校外四学校職員生徒名簿」（山口県文書館蔵）より算出。
(30) 明治二〇～二一年までは、全学年とも四月から翌年三月までの三学期制であった。
(31) 「山口外四学校諸則」（明治二一年一二月制定）による（『山口高等商業学校沿革史』二八三頁）。
(32) 『明治以降教育制度発達史』第三巻、教育資料調査会、一九三八、復刻版龍吟社、一九九七、一五六～一五七頁。高等小学校及び高等中学校予科補充科との学科課程比較も試みたが、両者との関連性は希薄である。
(33) 『日本近代教育百年史　四　学校教育（二）』国立教育研究所編集・発行、一九七四、二九四頁。
(34) 深谷昌志『学歴主義の系譜』（黎明書房、一九六九、二〇一頁）及び『明治以降教育制度発達史』第三巻（一五六～一五七頁）による。
(35) 前掲「学科程度及図書配当表」による。
(36) 例えば、『十八史略』は長野県尋常中学校では二学年で（『長野県松本中学校、長野県松本深志高等学校九十年史』同刊行委員会、一九六九、一七九頁）、京都府尋常中学校でも二学年で使用していた（『京一中洛北高校百年史』京一中一〇〇周年洛北高校二〇周年記念事業委員会、一九七二、一二七頁）。
(37) 例えば、ウエブストル『綴字書』は、岡山県尋常中学校では一学年で（櫻井役『中学教育史稿』受験研究社増進堂、一九四二、二九七頁）、群馬県尋常中学校でも一学年で使用していた（『日本近代教育百年史　四　学校教育（二）』三〇〇頁）。
(38) 例えば、ウキルソンの『幾何学』は岡山県尋常中学校の一～二学年（『中学教育史稿』二九八頁）や京都府尋常中学校の二～四学年（『京一中洛北高校百年史』一二七頁）でも使用していた。
(39) 同時期のほとんどの尋常中学校では、博物・物理・化学については原書による授業を行っていた。
(40) 「一年B組日課表」（『豊浦高等学校沿革史』豊浦高等学校、一九六四、七四頁）。
(41) 『豊中四十年』（豊浦中学校校友会、一九四〇）に所収の卒業生福士政一の日記によって判明。
(42) 『豊浦高等学校沿革史』七三頁。なお、文中に「理化」とあるが、これは同書表記のまま掲げた。
(43) 『山口高等商業学校沿革史』二五七頁。
(44) 「五学校一覧　明治二十七年報」山口県文書館蔵。
(45) 「五学校一覧　明治二十七年報」や「私立豊浦学校沿革略」（『豊浦学友会雑誌』第一九号、一八九〇、一八二頁）によれば、山口高等中学校教官や県の職員がしばしば視察に赴いていたことが分かる。
(46) 「私立防長教育会関係山口高等中学校一件」。堅田は萩藩士出身で、維新後はコロンビア大学に留学、工部大学校教員を経て、山口高等中学校に着任している。
(47)「私立防長教育会関係山口高等中学校一件」。
(48) 同前。
(49)『山口高等商業学校沿革史』二九〇頁。
(50) 前掲福士政一の日記による。
(51) 学年末の大試験は学年試験とも通称され、七月に実施されており(「五学校一覧　明治二十七年報」)、一～三学年では進級試験として、四学年では卒業試験として扱われていたと考えられる。
(52)『豊浦高等学校沿革史』六八頁。
(53)「五学校一覧　明治二十七年報」によれば、学年試験の日程は学校によって違っている。五学校総務処の許可を受けて、各学校が状況に応じて実施したものと考えられる。
(54)『豊浦高等学校沿革史』六八頁。
(55)『岩国高等学校九十年史』岩国高等学校、一九六九、四〇頁。
(56)「私立豊浦学校展覧会にて観たるくさぐさ」(『豊浦学友会雑誌』第六八号、一八九四、一三二～一三七頁)。
(57) 明治二四年当時、長府村の人口は六、九二八人であった(『角川日本地名大辞典　三五　山口県』角川書店、一九八八、五四七頁)。
(58) 典型例として著者が検討した大分県や佐賀県があげられる。詳細は拙稿「明治中期・中学校増設問題とその背景――大分県を事例として――」(『地方教育史研究』第二〇号、全国地方教育史学会、一九九〇)、同「東松浦郡実科中学校の設立から廃校にいたる諸事情と地域的背景――実科中学校と地域の関係を中心として――」(『地方史研究』第二九三号、地方史研究協議会、二〇〇一)を参照。

第五章　山口高等中学校予備門五学校の教育機能と教育成果

問題の設定

山口県の学校体系に関する先行研究の中で、竹内洋氏の研究では、長州閥の生き残りをかけた中央への人材送出策であったことが指摘されているが[1]、具体的な検討がなされていないため、進学成果等の実態は明らかにはなっていない。また、竹内、天野郁夫両氏の研究関心は専ら山口高等中学校に向けられているため、山口県の進学システムの要である五学校については検討の対象とされていない[2]。だが、山口県の学校体系を進学体系として捉えるならば、山口高等中学校のみならず、その予備門としての五学校にも注目すべきである。竹内氏は「無試験入学者のほとんどは河上と同じように、帝国大学に進学した。当時は高等中学校に入りさえすれば自動的に帝国大学に進めたのである[3]」と述べて、河上肇の事例を紹介しながら、五学校から山口高等中学校へ無試験入学した者のほとんどが容易に帝国大学に進学できたかのように指摘しているが、山口高等中学校は防長教育会経営・文部大臣管理という特殊な形態の学校であったとはいえ、帝国大学入学資格者養成ということで、教育内容や教育水準は他の高等中学校とほぼ同じであった。したがって、たとえ、五学校出身者であったとしても、山口高等中学校ではかなりの学力的淘汰を受けたはずであり、果たして五学校出身者のみが優先的に進級できたのであろうか。

このように、先行研究では五学校を検討対象としていないため、山口県の子弟を「効率良く[4]」帝国大学に進学させるという、学校体系の機能的特質は十分に解明されていないのである。つまり、先行研究の関心が山口高等中学校（明治二七年九月より山口高等学校に改組。本章では特に断りのない限り、便宜上、山口高等学校時代も含めて山口高等中学校と表記する）に向けられているため、山口県の学校体系の要である五学校の実態、特にその教育機能や教育成果については不明の部分が多いのである。だが、山口県の進学教育の特質を論じようとすれば、五学校の実態解明は避けて通ることのできない課題であるといえる。

以上のような課題意識に基づいて、第四章では五学校の設立経緯や教育目的・学習活動について検討した[5]。そこで、本章では、さらに、五学校の教育機能の実態はどのようなものであり、また、どのような教育成果があがっていたのかということの二点に課題を絞って検討していくこととする。

第一節　五学校への入学

五学校への入学資格は、「山口県五学校通則」(明治二四年四月制定)の第四章第一条に「入学志願者ハ左ノ資格ヲ備フルヲ要ス　一、体質強健ナル者　二、年齢満十歳以上ノ者　三、相当ノ資力アル者　四、入学試験ニ合格ノ者[6]」とあって、年齢から分かるように、尋常小学校卒業後、直接に入学することができるとされていた。

学期は当初、四月から翌年三月までの一二ヶ月間(三学期制)であったが、明治二二年からは高等中学校に合わせて九月から翌年八月までの一二ヶ月間(三学期制)に変更された。だが、一学年のみは尋常小学校との連絡上、四月から翌年八月までの一七ヶ月間(四学期制)とされ、三月下旬に生徒募集、四月上旬に入試が行われることとなっていた。ところが、明治二六〜二七年で見ると、四月に入試を行ったのは岩国学校だけであるのに対し、山口・萩・豊浦学校では九月及び一月入試を行っている[7]。九月及び一月入試は中途退学等による欠員補充のための臨時募集であったと考えられるが、四月入試を行ったのが岩国学校だけなのはどうしたことだろうか。これには、五学校入学者の前歴が大きく関係しているものと考えられる。

五学校は制度上、尋常小学校と直接に連絡していたが、実際の入学者のほとんどは高等小学科一～三学年修了あるいは四学年卒業者であった。例えば、明治二一年三月に尋常小学校を卒業した河上肇は、「私はそれから直ぐに（多くの人は高等小学校で二ヶ年を費やした後のことにして居たが）岩国学校に入学した」[8]と述べており、また、明治二七～二八年に豊浦学校に入学した生徒の「生徒学籍簿」[9]を見ても、高等小学科を経て入学した者がほとんどである。このような状況を反映してか、すでに明治二三年四月段階で県当局は、

従来山口外四学校入学志願者ノ景況ニ拠ルニ尋常小学科ヲ卒ヘ直ニ進学スルモノハ其数甚タ寡ク、多クハ高等小学科第一二学年修業其甚タシキモノハ全科卒業ノ後ニ於テシ為メニ履修ノ年限ニ於テ大ニ損失スル所アルモ無頓着ノ傾ナシトセス遺憾不少候処右ハ必竟父兄等学科程度ノ組成ヲ承知セサルノ敲ス所ト存候（以下略）

という県令を発して、高等小学科を経て入学する状況を「遺憾」だとしていた[10]。だが、県当局の指導にもかかわらず状況は改まらなかった。

では、なぜこのような状況になったのだろうか。まず、その理由として、前出の県令にもあるように、五学校とはいかなる段階の学校であるのかが保護者に十分周知されていなかったということが考えられる。山口県では、尋常中学校の代替的役割を五学校が果たしていたため、高等小学校より一段階上の学校として五学校が捉えられていたのではなかろうか。

また、別の理由として、高等小学科修了・卒業者には入試で特別な措置が取られていたこともあげられる。「山口県五学校通則」第四章第四条の「高等小学科第一学年以上ノ修業証書ヲ有スル者ハ試験ヲ須ヒス受験者ニ先チ学

生徒募集廣告

本校第一學年生凡そ四十名試驗の上入學を許す志願者は來る三月卅一日迄み願書幷に履歴書を出し四月六日午前第八時筆紙墨携帶の上出校すへし

但高等小學科第一學年以上の修業證を有する者れ試驗を要せず受驗者に先ち入學差許候に付四月六日出校の節該證書を持參すべし

入學試驗は尋常小學科第四學年の程度に據る其科目左の如し

讀書　作文　習字　算術　圖書

明治廿五年二月

豊浦郡

私立豊浦學校

「豊浦学校生徒募集広告」明治 25 年 2 月

（出典　『山口県立豊浦高等学校百年史　近代』豊浦高等学校，2002）

力相当級ニ入学ヲ許ス事ヲ得[11]」との規定がそれであり、高等小学科を経た（一学年修了以上）者には無試験入学が認められていた。したがって、五学校の入学にあたっては、高等小学科を経由した方が断然有利であり、現に五学校入学志願者のほとんどを占めていた高等小学科経由の者は無試験で入学できていたのである。

　そのうえ、尋常小学校卒業のみの者に対しても無試験入学を許可しようとした事例[12]や、志願者が募集定員に満たない場合は志願者全員に無試験入学を許可しようとした事例[13]までもがあった。このようなわけで、五学校の入試は、志願者のほとんどを占めていた高等小学科修了・卒業者以外を対象として行われたのであり、場合によっては志願者全員が高等小学科経由の者、すなわち無試験入学の対象者であったということも考えられ、その時は四月入試が行われなかったのであろう[14]。

　入試の程度は、「山口県五学校通則」第四章第三条に「第一学年級入学試験ハ凡ソ尋常小学科第四学年ノ程度ニ拠リ之ヲ行フヘシ[15]」とあって、尋常小学校卒業

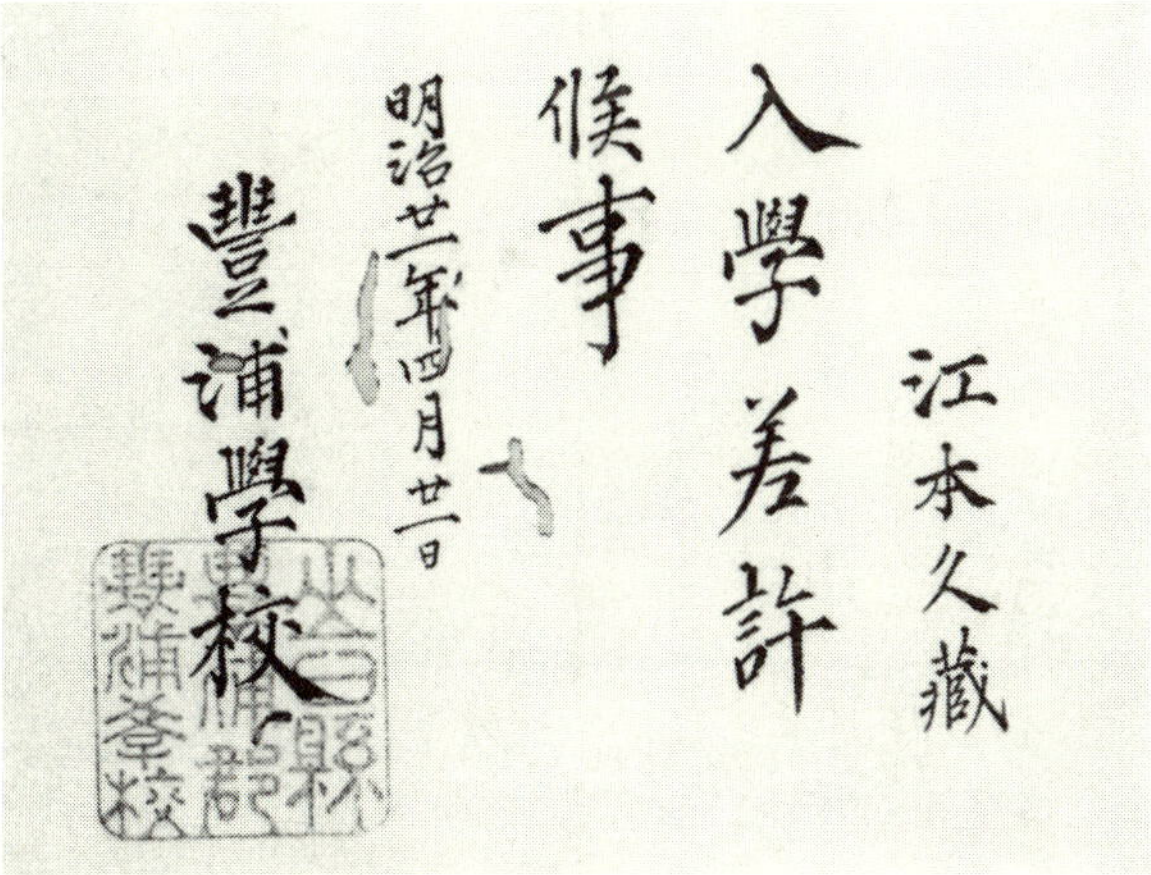

「豊浦学校入学許可証」明治 21 年 4 月
（出典　『山口県立豊浦高等学校百年史　近代』）

程度とされていた。入試科目は、明治二四・二五両年四月の豊浦学校の入試では、読書・作文・算術・習字・図画の五科目とされていたが[16]、五学校は学事の同一化が図られていたから、他の四校も同様の科目であったと考えられる。

入学はしたものの中退する者もかなりいたため、臨時の補欠募集が行われており、二～三学年への編入者も存在していたと考えられる。一学年の生徒数は、明治二一年時点（調査月日不明）では、山口学校四〇名、岩国学校四〇名、萩学校六九名、豊浦学校三四名、徳山学校三八名、となっており[17]、若干の原級留置者が含まれるとしても、これらはほぼ一学年入学者と考えてよいであろう。一学年入学者の年齢は、制度上からいえば一〇歳のはずだったが、高等小学科経由で入学していたため、実際は一〇代前半の者がほとんどだった[18]。明治二〇年当時、山口県内の高等小学科に在籍する男子生徒が四、五五〇名であった（尋常科男子は二万八、四五五名）[19]ことを考えるとき、五学校に入学できた生徒は、かなりの資力を持つ階層の出身であり、能力的にも選ばれた生徒であったといえるのである[20]。

第9表　五学校教員数推移

年次	五学校全体	山口学校	萩学校	豊浦学校	徳山学校	岩国学校	調査時期
明治20年	22	5	5	3	5	4	10月
21年	30	7	6	5	5	7	
22年	36	8	7	7	7	7	
23年	40	12	8	6	7	7	4月
24年	44	11	9	8	7	9	
25年	不明						
26年	不明						
27年	46	12	9	8	8	9	
28年	51	16	10	9	8	8	
29年	52	17	9	9	8	9	

（注）　教員数には校長も含む。明治20年は高等小学校別科時代のものであり，28年以降の山口学校は山口県尋常中学校のものである。20年は「私立防長教育会関係山口高等中学校一件」（山口県文書館蔵）により，23年は『山口高等商業学校沿革史』により，それ以外は『山口県教育史』下巻（山口県教育会，1925，復刻版第一書房，1982）による。

第二節　教員と生徒

一　教員の状況

次に、五学校に入学した生徒はどのような教師から指導を受け、また、どのような生徒が学んでいたのかを見てみたい。まず、教員についてであるが、五学校の教職員の職名は、「山口外四学校職制」（明治二〇年一二月制定）によれば、当初は学校長、訓導、筆生の三種類であったが、[21]のち、訓導は教員、筆生は書記と改められた。校長は各校一名ずつ置かれて、「本郡長ノ指揮ヲ受ケ校務ヲ整理シ訓導以下ノ職員ヲ監督シ教室ノ秩序ヲ保持スルコトヲ掌ル」が職務とされ、訓導の職務は「学校長ノ指揮ヲ受ケ教授教訓ノ事ヲ掌ル」、筆生の職務は「学校長ノ指揮ヲ受ケ庶務ニ従事ス」とされた。[22]第9表は五学校の教員数（ここでいう教員とは校長も含む）の推移を示したものである。この表によれば、各校とも生徒数増に伴って増加しているが、一番規模の大きな山口学校の十数名

第 10 表　岩国・徳山・豊浦・萩学校教員一覧（明治 22 年 11 月末）

学校	氏　名	学歴・免許等	担当学科他
岩国学校	今田　純一（校長）		修身・作文・漢文講読
	生形　定之助	東京専門学校卒業	英語・漢文講読
	瀬賀　竹藏	東京物理学校卒業	数学・物理・化学
	畦森　到		英語・外国地理
	飯田　善彦	慶應義塾卒業	博物・英習字・本邦地理
	竹屋　捨熊		作文・習字・歴史・漢文講読
	貞永　岩次	山口協力義塾体操専修科卒業	体操
徳山学校	岩崎　蕃郁（校長）		都濃郡書記と兼務
	水木　要輔	山口県尋常師範学校高等師範学科卒業	習字・画学・国語・博物・歴史・地理・作文
	小幡　琢十	工部大学校卒業	外国語・博物・理化
	山田　兵吉	東京物理学校卒業	数学
	高木　吉熊	東京大学予備門第 2 級修業後，明治義塾在校	外国語・万国歴史・万国地理
	矢野　治作	山口協力義塾体操専修科卒業	体操
	庄原　信順	「某学校ノ卒業及免許状ナシ」	修身・漢文・歴史・作文
豊浦学校	松本　廉平（校長）	大阪理学校に学ぶ，化学科免許	理化・博物・英語
	木村　弥七郎	山口師範学校卒業	地理・歴史・博物・図画・習字
	藤井　百輔	漢文修身科免許	国語及漢文
	犬塚　銀一郎		英語・地理・歴史
	山路　球太郎		英語
	古川　新也		数学
	竹永　寿一	体操伝習所卒業	体操
萩学校	綿貫　謙輔（校長）		
	宮澤　林平	東京物理学校卒業	数学・理化学
	小島　済	宮城県仙台中学校卒業	英語
	森永　松二郎	兵庫県高等小学校英語科地方免許状	英語
	栗山　保	兵庫県小学校教員地方免許状	修身・漢文・数学・習字
	中村　実		漢文
	伊藤　助槌	陸軍歩兵 1 等軍曹	体操

（注）「元県立中学校分校廃止後成立シタル山口萩豊浦徳山岩国学校沿革一件」（山口県文書館蔵）より作成。山口学校は史料が残存しておらず，不明。担当学科名は史料表記のまま掲げた。

を除けば他の四校は数名程度であったことが分かる。

『山口高等商業学校沿革史』の記述によれば、高等小学校別科として発足した当初は、旧山口中学校本・分校の教職員がほとんどそのまま留任したとされているが[23]、これは誤りである。明治二〇年一〇月時点で、高等小学校別科五校の教員数は二二名であったが、このうち、旧山口中学校本・分校から留任した者は九名しかいない[24]。したがって、半数以上の教員が新採用されたことになる。では、これらの教員はどういう人々だったのだろうか。明治二二年一一月末時点の岩国・徳山・豊浦・萩学校の教員を示したものが第10表である。

第10表から次のことが分かる。第一に、外国語や数学及び博物等の自然科学系学科の担当教員のほとんどが、中・高等教育機関に学んだ者たちだということであり、これは担当学科の性格上当然の傾向といえよう。第二に、教員の学歴から見る限り、他府県の尋常中学校と比較しても遜色のない陣容だということである。だが、五学校成立後まもない時期のため、全学科の専門教員が揃ってはおらず、一人で専門外を含めた複数の学科を担当している者が多い。例えば、一学科のみの担当者は一一名にとどまり、最多は七学科担当者も一名いた。

二　生徒の状況

次に、生徒についてであるが、第11表は五学校の生徒数の推移を示したものだが、年を追うごとに増えており、特に山口学校の規模が群を抜いて大きかったことが分かる。生徒の出身階層（族籍）については、明治二七年四月時点では、五学校全生徒中、士族・平民出身生徒の比率はおよそ六対四の割合であった[25]。明治二〇年代前半の尋常中学校生徒の比率が士族五対平民五の割合であるとされるから[26]、五学校の士族率はかなり高いということができる。これは、五学校がすべて旧城下町にあったことや、五学校の前身たる五中学校が、士族に対する教育授産事業の一

第 11 表　五学校生徒数推移

年次	五学校全体	山口学校	萩学校	豊浦学校	徳山学校	岩国学校	調査時期
明治 20 年	374 417	95 112	76 76	73 82	66 80	64 67	12月 10月
21 年	(451)	(127)	(98)	(74)	(81)	(71)	
22 年	419 (604)	121 (205)	104 (131)	18 (97)	99 (89)	77 (82)	3 月末
23 年	598	207	126	92	104	69	3 月末
24 年	813 (856)	273 (298)	160 (166)	147 (135)	112 (132)	121 (125)	3 月末
25 年	938	不明	不明	不明	不明	不明	9 月末
26 年	1,012	341	204	174	143	150	9 月末
27 年	1,023 (991)	322 (346)	185 (201)	182 (163)	155 (139)	179 (142)	4 月
28 年	(1,327)	(551)	(236)	(217)	(172)	(151)	
29 年	(1,475)	(660)	(260)	(224)	(169)	(162)	

（注）　各史料によって人数にやや違いがあるため，すべて表示した。明治 20 年の上段は『明治二十年通常会　山口県会議事録』（山口県文書館蔵）により，下段は「私立防長教育会関係山口高等中学校一件」によるものであり，いずれも高等小学校別科の時期のものである。22, 24, 27 年の下段及び 21, 28, 29 年の（　）は『山口県教育史』下巻によるものであり，22, 24 年の上段及び 23, 25（全体のみ），26 年は『山口高等商業学校沿革史』によるものである。27 年の上段は「私立山口学校外四学校職員生徒名簿」（山口県文書館蔵）によるものである。28 年 4 月に山口学校は山口県尋常中学校に改組するため，28, 29 年の山口学校は山口県尋常中学校の生徒数である。

環として設立されたことを考えれば当然の傾向といえよう。

生徒の出身地域については、明治一三年六月に県下が五中学区に分けられて県立中学五校が設置されたが、各校ともおおむねこの時の中学区内から生徒が入学している。明治二二年で見ると、岩国学校は旧第一中学区（玖珂・大島郡）から九二・九％が、徳山学校は旧第二中学区（都濃・熊毛郡）から八七・二％が、山口学校は旧第三中学区（吉敷・佐波・美祢郡）から七三・六％が、豊浦学校は旧第四中学区（豊浦・厚狭郡、赤間関区～明治二二年四月より赤間関市）から九一・八％が、萩学校は旧第五中学区（阿武・大津・見島郡）

から九六・二%となっている。[27] このことから、全県から生徒を集めていた山口学校以外は、近隣町村出身の生徒によってほとんど占められており、地元に密着した学校であったといえる。

第三節　五学校における淘汰

では、五学校に入学した生徒は、その後、山口高等中学校（予科）入学までにどのようなコースをたどったのであろうか。

一　五学校における進級

五学校では、学年試験と通称される大試験（定期的に日程・時間割を予告して行う試験）が学年末の七月に行われていた。[28] この学年試験については、一〜三学年は進級試験として、四学年は卒業試験として扱われたものと考えられる。第12表は、明治二〇〜二二年度にかけての進級状況を示したものである。

中退による減少も考慮しなければならないが、一学年から二学年にかけての進級率が特に低く（五七・三%[29]）、一学年から三学年を通した進級率も四三・五%にすぎない。表中の人数には原級留置者や中途編入者も含まれるため、一〜三学年を通した実際の進級率は三〇〜四〇%程度になるのではないかと考えられ、ストレート卒業率に至っては二〇%程度かそれ以下になるのではないかと考えられる。[30] 萩学校卒業生（明治二七年七月卒業）の回想にも、「明治二三年九月入学《（ママ）》したときは約五〇人であったが、四年間に他へ転出や中退したものもあって、二七年七月卒業のときは僅か一六人であった。学科が非常に難かしく、学年試験の度毎に減っていった[31]」とあることから、進級が非常に難しかったことが裏付けられる。

第12表　五学校生徒進級状況（明治20～22年度）

年度及び学年	山口学校	萩学校	豊浦学校	徳山学校	岩国学校	五学校計
明治20年度の1学年	43	58	42	47	42	232
明治21年度の2学年	25	42	27	19	20	133
明治22年度の3学年	23	35	32	11	0	101

（注）「元県立中学校分校廃止後成立シタル山口萩豊浦徳山岩国学校沿革一件」より算出。明治23年度の4学年は不明。学期は22年より9月始まりとなる（2学年以上）。22年度の調査時期は11月末。なお，人数には原級留置者も含む。

二　五学校の卒業

無事進級できても、四学年末の七月には卒業試験というさらなる難関が待ち受けていた。卒業試験は五学校総務処[32]の管理の下、五日間程度実施され[33]、問題は山口高等中学校で作成し[34]、試験監督のために同校教官が派遣され[35]、採点についても細かく指示がなされていた[36]。

では、卒業試験の及落状況はどのようなものだったのだろうか。例えば、明治二七年四月時点で、五学校全体の四学年生徒数は一五一名であったが、この中で同年九月に山口高等学校（旧高等中学予科第二級〈一学年〉[37]）に進学した者は八二名であった[38]。卒業者の中には進学しなかった者も若干存在したと考えられるが[39]、平均現役進学率は五四・三％にすぎない。五学校から山口高等中学校へは、当初、試験入学の制度が取られていたが、原保太郎知事から河内信朝山口高等中学校長への申し入れによって、明治二二年度からは無試験入学が認められることとなった。山口高等学校になっても五学校からの無試験入学は継続されたから、五学校を卒業し、希望する者は山口高等学校に入学できていたはずなのに進学率は意外に低い。その主な理由は、五学校の卒業率にあると考えられる。

第13表によれば、この明治二七年七月の卒業者数は一〇二名であり、卒業率は六七・五％となり、三二・五％の者が卒業できなかったことになる。ま

第13表　五学校卒業者数一覧

卒業年次	五学校計	山口学校	萩学校	豊浦学校	徳山学校	岩国学校
明治21年	24	18	0	6	0	0
22年	19	6	0	9	4	0
23年	不明	不明	不明	28	不明	3
24年	55	20	13	10	6	6
25年	78	32	19	0	15	12
26年	102	28	22	15	19	18
27年	102	34	17	19	10	22
28年	127	51	18	22	19	17
29年	113	54	18	13	13	15

（注）明治21，22，24，27，28，29年については『山口県教育史』下巻（山口県教育会，1925，復刻版第一書房，1982）により，25年については『学友』38号（山口県学友会，1892），26年については『学友』47号（1893）による。明治23年の豊浦学校は『豊浦学友会雑誌』第23号により，岩国学校は『岩国高等学校九十年史』（49頁）による。26年については，豊浦学校は『豊浦高等学校沿革史』（71頁）には10名とあり，岩国学校は『岩国高等学校九十年史』（49頁）には17名とある。27年の山口学校は『山口県教育史』下巻には155名とあるが，これは明らかに誤りであるため，「五学校一覧　明治二十七年報」の数字によって訂正した。28年4月に山口学校は山口県尋常中学校となるため，28，29年の山口学校は山口県尋常中学校の卒業者数である。なお，明治30年9月に萩・豊浦・徳山・岩国学校は山口県尋常中学校の分校となる。

た、豊浦学校に限って見れば、明治二六年は卒業試験の及第一〇名・落第五名、二七年は一九名・五名、三〇年は一七名・一〇名であり[40]、二〇〜三〇％程度の者が卒業できていない。このように、進級試験及び卒業試験という二段階の厳しい淘汰を経て、山口高等中学校入学資格者として選別されたのが第13表にある卒業者たちであった。

第13表から分かるように、明治二〇年代初めは二〇名程度であった卒業者数が急増していき、二〇年代半ばには一〇〇名を超えるまでに増加している。そして、卒業までたどりつけた者のおよそ七〜八割が無試験で山口高等中学校予科（山口高等学校）に進学し、さらに最終目的の帝国大学を目指すこととなるのであった。

明治 27 年 7 月の豊浦学校卒業生
（出典　『山口県立豊浦高等学校百年史　近代』）

第四節　五学校卒業者のその後の進路

一　山口高等中学校入学者に占める五学校出身者の割合

当初、五学校から山口高等中学校へは一旦仮入学させたうえで入学試験を行っていた。ところが、明治二一年一二月に原知事から河内山口高等中学校長に対して、

五学校卒業生之義ハ、従来他ノ入学志願者同様貴校ニ於テ試験ノ上入学被差許候都合ニ候處、該校ノ義ハ元来貴校予備ノ目的ヲ以テ設立シタルモノニテ、教則ハ当初御意見ヲ承ケ之ヲ制定シ、且教授上ノ手続等モ昨年打合セ会等相開キ候事故、貴校ト充分連絡致居候様被考候ニ付、自今右卒業ノ者ニ限リ試験ヲ須ヒス直チニ入学被差許候様相成候ハヽ、独リ生徒奨励上ノ便ヲ得ルノミナラス、該校維持上ノ関係等其幸福尠々ナラサル訳ニ有之（以下略）

明治30年7月の萩学校卒業生
（出典　『学統を受けついで　萩高100年のあゆみ』萩高等学校，1970）

との照会文書（明治二二年一二月二六日付）[41]が送られて、無試験入学が依頼された結果、翌二三年度からは五学校の卒業者に限って、予科一学年に無試験で入学できることとなった。

実際に五学校から山口高等中学校に進学した者はどのくらいいたのだろうか。例えば、明治二四年九月に山口高等中学校予科一学年に入学した者は六三名いたが、そのうち五学校出身者は四八名（七六・二％）であり、同二五年九月では七八名中六四名（八二・一％）であった。[42]明治二一〜二六年を通して見ても、山口高等中学校予科一学年入学者の中のおよそ七〇〜八〇％を五学校出身者が占めていた。[43]この割合から見る限りでは、五学校は山口高等中学校予備門としての機能を十分果たしていたといえる。

二　帝国大学進学者の中の五学校出身者

では、五学校から山口高等中学校に進んだ者の中で、最終目的の帝国大学入学にまでたどりついた者はどのくらいいたのだろうか。第14表は山口高等中学校卒業者（明治二

第14表　山口高等中学校（山口高等学校）卒業者数及びその中の帝国大学進学者数一覧

山口高等中学校本科卒業年月（第5回卒業より山口高等学校卒業年月）	全卒業者数	卒業者中の五学校出身者数	卒業者に占める五学校出身者の割合（%）	卒業者中の帝国大学進学者数	帝国大学進学者中の五学校出身者数	帝国大学進学者に占める五学校出身者の割合（%）
明治24年7月（第1回）	5			2（現役），この他に2名が後に帝大進学		
明治25年7月（第2回）	13			13		
明治26年7月（第3回）	10	9	90.0	8	7	87.5
明治27年7月（第4回）	13	8	61.5	12	7	58.3
明治28年7月（第5回）	26	14	53.8	23	12	52.1
明治29年7月（第6回）	27	14	51.9	27	14	51.9
明治30年7月（第7回）	53	23	43.4	50	21	42.0

（注）明治24，25年の卒業者は，五学校以前の山口中学校本・分校時代の卒業であるため，五学校関係の個所は空欄とした。31年7月に山口高等学校を卒業した者の入学前の経歴については，28年4月に山口県尋常中学校が設置されたため，五学校を経た者も学制改革によって山口県尋常中学校卒業となっている。このため，31年以降の卒業者は対象としない。

八年七月の第五回卒業より山口高等学校卒業者）とその中の帝国大学進学者（五学校出身者を含む）の人数を示したものである[44]。

山口高等中学校卒業者に占める五学校出身者の割合が入学時の割合と比べてかなり低いこと、卒業者に占める五学校出身者の割合が次第に下がっていることも分かる。山口高等中学校入学者に占める五学校出身者の割合が七〇～八〇%台であったのに対し、卒業時の割合は六〇～四〇%台にすぎず（明治二六年卒業者は除く）、それも年次を追うごとに下がっているのである。例えば、明治二三年九月入学者に占める五学校出身者の割合は七八・六％であったのに[45]、五年後（二八年七月）の卒業者に占める割合は五三・八％にまで低下している。同様に、二四年九月入学時は七六・二％であったものが[46]、二九年七月卒業時には五一・九％にまで下がっている。これらのことから、山口高等中学校卒業者に占める五学校出身者の占有率が、入学時と比べて大幅に低下しているという傾向は明らかである。

したがって、山口高等中学校卒業者の中の帝国大学進学者に占める五学校出身者の割合も、明治二六年のみは八七・五％で、それ以降は五〇～四〇％台と次第に下がっている。この割合からすると、山口高等中学校から帝国大学に進学した者の中で、五学校出身者は半分程度しかいないといえる。山口高等中学校入学時には、八割近くを占めていた五学校出身者が、最終到達点の帝国大学入学時には五割程度にまで減少しているのである。山口高等中学校の卒業者はほとんど帝国大学に進学していたから、これは卒業者に占める五学校出身者の割合が低下していることによるものである。

では、山口高等中学校卒業者に占める五学校出身者の占有率が入学時に比して低いうえ、その占有率も次第に低下していくのはなぜであろうか。その理由としては、まず第一に、五学校を経て山口高等中学校に入学したものの、学業不振等の理由によって中途退学する者がかなり存在したことが考えられる。山口高等中学校に入学したからには、五学校出身者だからといって特別扱いされることはなかったのであり、容赦なく厳しい学力的淘汰が行われていたのであった。一方、軍関係の学校等へと進路を方向転換したことによる中退者もいたものと考えられる。第二に、他府県の尋常中学校や高等中学校（高等学校）から山口高等中学校（山口高等学校）への編入者の増加も原因であると考えられる。例えば、明治三〇年七月の山口高等学校卒業者五三名中、他府県の尋常中学校を修了または卒業して編入された者は一二名、他の高等中学校（高等学校）から編入された者は一三名であり、この年の卒業者の四七・二%を占めている。[47] 卒業者の中の五学校出身者数はむしろ増加傾向にあったから、これを上回る勢いで五学校以外の学校の出身（編入者）卒業者数が増加していったのである。

また、五学校を基盤とした学校体系は、山口県の青少年を本当に「効率良く」帝国大学に進学させていたのだろうか。高等中学校の時代、制度上の規定では、帝国大学入学者の年齢は最年少で一九歳になるはずであった（六歳で四年制の尋常小学校に入学、その後、高等小学校二ヶ年、尋常中学校五ヶ年、高等中学校本科二ヶ年を経て帝国大学入学）。ところが、高等小学校から尋常中学校とつながる段階、あるいは尋常中学校から高等中学校の段階で、規定よりもはるかに余分な年月がかかり、実際は数歳上回る年齢でしか帝国大学に入学できなかったのである。例えば、明治二五年四月及び二七年三月時点の第三高等中学校では、帝国大学入学を数ヶ月後に控えた本科二学年生徒の平均年齢は二二・三歳であった。[48] 一方、明治二六・二七両年九月に山口高等中学校から帝国大学に入学した者（計一二〇名）の平均年齢は、二二・四歳であり、この中の五学校出身者（計一四名）は二二・一歳であった。[49] 山口県の進学体系では、尋常小学校入学から一三ヶ年後の一九歳で帝国大学に入学できるはずであったが（尋常小学校卒業後、五学校四ヶ年、山口高等中学校予科三ヶ年、本科二ヶ年を経て帝国大学入学）、実際は三年程度余分にかかっている。これは、五学校入学にあたって、ほとんどの者が高等小学科経由だったことが主な理由であると考えられる。つまり、制度上構想されたように、それほど「効率良く」帝国大学への進学ができていたとはいえないのである。ともあれ、明治二六年七月〜三〇年七月にかけて山口高等中学校（山口高等学校）を卒業し、帝国大学へと進学した五学校出身者は六一名であり、これらの人々が、山口県の進学教育の成果を具現しているといえよう。

第五節　五学校に見る山口県の進学教育の特質

五学校は単なる山口高等中学校の予備学校ではなく、山口県の青少年を「効率良く」帝国大学に進学させるために設立された特異な中等学校であった。比較的容易に入学できたが、進級及び卒業においては厳しい淘汰が行われており、五学校に入学したからといって、そのままエスカレーター式に山口高等中学校に進学できるような状況ではなかった。この厳しい状況は、五学校のストレート卒業率が二〇％程度かそれ以下と考えられることからも明らかである。そして、無事に五学校を卒業できた者のほとんどが無試験で山口高等中学校に進学していた。このため、山口高等中学校入学者に占める五学校出身者の割合はおよそ七〇～八〇％とかなり高く、予備門としての機能は十分果たしていた。だが、進学先の山口高等中学校においても、五学校出身であると否とを問わずさらなる厳しい淘汰が待ち構えており、多くの者が途中で落伍していった。

また、「効率」の点、即ち、帝国大学入学者の年齢の点では、当初の構想のような成果はあがっていなかった。今までの検討結果から分かるように、五学校から山口高等中学校への連絡は十分機能していたが、尋常小学校卒業後、九年間という最短期間で帝国大学に進学させるという当初の構想通りにはなっていなかったのである。

さらに、教育成果の点でも、実態は従来考えられてきたものとはかなり違っていた。竹内氏の研究では山口高等中学校が様々な自由裁量権を持ち得たことを指摘している[50]。その自由裁量権の中でも、特に、地元優先入学、即ち五学校からの無試験入学制度を取り上げ、五学校から山口高等中学校に進んだ者のほとんどが帝国大学に進学していたかのように指摘しているが[51]、五学校から山口高等中学校に進学した者の中で、帝国大学にまでたどりつけた者がそれ程多くなかったことは、これまでの検討の結果、明らかである。[52]確かに、高等中学校が地元に存在したことは山口県にとって非常に有利であり、序章の第1表から分かるように、一時期は他府県に比して多くの人材を帝国大学に進学させていた。だが、山口県の進学体系は、山口県の子弟を安易に帝国大学に送出するような制度ではなかったのであり、山口高等中学校だけでなく、五学校の内部においても厳しい淘汰が行われていたのである。

五学校はアーティキュレーションの円滑化のために工夫された中等学校であり、一見、容易に尋常小学校卒業生を山口高等中学校に進学させることができたかのように見えるが、実際には厳しい学力的淘汰によって卒業生の選別を行っていたのであった。そのうえ、五学校を経て山口高等中学校に入学した者に対しても、さらなる淘汰が待ち構えており、五学校出身者で帝国大学に入学した者の学力は、他府県の尋常中学校出身者と比べても決して遜色はなかったものと考えられる。

明治二七年九月、山口高等中学校が山口高等学校に改組した後も、五学校からの無試験入学の制度は存続し、さらに翌二八年四月に山口学校が山口県尋常中学校に姿を変えてからもこの制度は継承された。山口県尋常中学校からの無試験入学の制度は明治三三年まで継続されたため、山口県尋常中学校→山口高等学校という進学階梯の下での帝国大学進学者もかなりの数にのぼった。[53]だが、明治三四年以降、無試験入学の特典がなくなったうえ、同三八年四月には山口高等学校が官立山口高等商業学校に改組されて、山口県から直接に帝国大学へ進学するルートは完全に消滅したのであった。

注

（1）竹内洋『日本の近代一二　学歴貴族の栄光と挫折』中央公論新社、一九九九、五三〜六一頁。

（2）『日本の近代一二　学歴貴族の栄光と挫折』（五三～六一頁）及び天野郁夫『学歴の社会史』（新潮社、一九九二、一五～二五頁）。
（3）『日本の近代一二　学歴貴族の栄光と挫折』五六頁。「河上」とは河上肇のことである。
（4）「効率良く」ということの意味については、第四章の注（24）に述べているので参照のこと。
（5）拙稿「山口高等中学校予備門五学校の成立」（『日本の教育史学』第四八集、教育史学会、二〇〇五）を加筆・修正したものが、本書の第四章である。
（6）『山口高等商業学校沿革史』山口高等商業学校、一九四〇、二九〇頁。「山口県五学校通則」は、明治二一年一二月制定の「山口外四学校諸則」が同二四年四月に改定されたものであり、五学校関係の諸規則が規定されている。
（7）「五学校一覧　明治二十七年報」山口県文書館蔵。
（8）『河上肇全集』続五、岩波書店、一九八五、一三二頁。
（9）山口県立豊浦高等学校所蔵文書。
（10）「廻議原書」山口県文書館蔵。
（11）『山口高等商業学校沿革史』二九一頁。実例を見ると、萩学校の明治二六年九月入試では、高等小学科二学年以上の修了者で、一学年へ入学希望の者には無試験だったと記録にあり（「五学校一覧　明治二十七年報」）、同二五年二月の豊浦学校の「生徒募集広告」には、高等小学科一学年以上の修了者は無試験で一学年に入学させるとある（『豊浦学友会雑誌』第四一号、豊浦学友会、一八九二、一二〇頁）。
（12）明治二四年三月五日付で岩国学校から五学校総長（山口高等中学校長が兼務）に宛てた「生徒臨時募集ノ件伺」（「廻議原書」）。
（13）明治二四年二月一四日付で豊浦学校から五学校総長に宛てた「生徒募集伺」（「廻議原書」）。
（14）例えば、明治二九年四月に豊浦学校に入学した生徒の回想には、この時は入学試験は行われなかったとある（『豊中四十年』豊浦中学校校友会、一九四〇、一四四～一四五頁）。
（15）『山口県高等商業学校沿革史』二九〇～二九一頁。
（16）明治二四年は前掲「生徒募集伺」、二五年は『豊浦学友会雑誌』第四一号（一二〇頁）による。
（17）「元県立中学校分校廃止後成立シタル山口萩豊浦徳山岩国学校沿革一件」（山口県文書館蔵）より算出。
（18）『豊中四十年』三九二～三九三頁。
（19）『山口県教育史』下巻（山口県教育会、一九二五、復刻版第一書房、一九八二、二八九～二九〇頁）より算出。
（20）「山口県五学校通則」第四章第一条の入学資格にも、「三　相当ノ資力アル者」と明記されていた。例えば、河上肇の家は岩国藩士の家柄で、父は村長を務めていた。
（21）『山口高等商業学校沿革史』二八三頁。

(22)「岩国学校職制」（『岩国高等学校九十年史』岩国高等学校、一九六九、三三二頁）による。なお、制定時期は不明である。
(23)『山口高等商業学校沿革史』二八三頁。
(24)『山口県学事第四年報』、「元県立中学校分校廃止後成立シタル山口萩豊浦徳山岩国学校沿革一件」、「私立防長教育会関係山口高等中学校一件」（いずれも山口県文書館蔵）より判明。
(25)「私立山口学校外四学校職員生徒名簿」（山口県文書館蔵）より算出。
(26)深谷昌志『学歴主義の系譜』黎明書房、一九六九、一七六頁。
(27)「元県立中学校分校廃止後成立シタル山口萩豊浦徳山岩国学校沿革一件」より算出。
(28)「五学校一覧　明治二七年報」による。
(29)明治二〇年代初頭の九州各県の尋常中学校八校の場合も、一学年から二学年に進級するにあたって、生徒数が半減しているとされる（『学歴主義の系譜』一八一頁）。
(30)明治二四年当時の尋常中学校のストレート卒業率は一割前後であったとされる（『学歴主義の系譜』一八二頁）。
(31)益田元亮「萩学校の思い出」（『学統を受けついで　萩高一〇〇年のあゆみ』萩高等学校、一九七〇、七頁）。
(32)明治二三年四月以降、防長教育会が五学校の経営を行うことになるのに伴って、山口高等中学校の中に五学校の校務を総括する五学校総務処が置かれた。
(33)「五学校卒業試験時間割表」（山口県文書館蔵）による。この時間割による実施の年月日は不明。
(34)明治二三年の場合、試験問題はすべて山口高等中学校で作成し、国語及漢文、英語・数学はそのままそれを用い、他はその中から各校で選択させて実施していた（『豊浦学友会雑誌』第二三号、一八九〇、三五三頁）。
(35)明治二七年七月以降は廃止された（「五学校一覧　明治二十七年報」）。
(36)例えば、英語の書き取りや習字の採点は山口高等中学校で同校の教官が採点していた（『豊浦高等学校沿革史』豊浦高等学校、一九六四、六九頁）。これは採点を公平にするためであったと考えられる。
(37)明治二七年九月に山口高等中学校が山口高等学校に改組されるのに伴って、山口高等中学校の予科一学年を修了して二学年に進級予定の者と、五学校を卒業して予科一学年に進学予定の者を収容するため、旧高等中学予科を置き、前者を二学年、後者を一学年とした。翌明治二八年四月、山口県尋常中学校の設立によって、前者は同校の五学年に、後者は四学年に各々編入された。『山口高等商業学校沿革史』（三二五頁）及び『山口高等学校百年史』（山口高等学校、一九七二、一〇六～一〇七頁）による。
(38)「私立山口学校外四学校職員生徒名簿」及び『山口高等学校一覧』（山口大学付属図書館蔵）より算出。
(39)五学校卒業後、山口高等中学校（明治二七年九月より山口高等学校）へ進学した者の割合は、明治二二年の徳山で卒業者四名中四名、二三年の豊浦で二八名中二五名、岩国で三名中二名、二七年の岩国で二二名中一六名であり、卒業者の七～八割が進学して

いた。『山口県立徳山高等学校百年史』(徳山高等学校、一九八五、九六頁)、『豊浦高等学校沿革史』(六九頁)、『岩国高等学校九十年史』(四九頁)による。

(40) 『豊浦高等学校沿革史』(七一〜七二頁)より算出。

(41) 『山口高等商業学校沿革史』二五七頁。

(42) 「累年入学者明細表」(『山口高等商業学校沿革史』二六三頁)より算出。

(43) 『山口高等中学校一覧』及び『山口高等学校一覧』の各年版(いずれも山口大学付属図書館蔵)、「累年入学者明細表」より算出。

(44) 著者が、明治二六年七月〜三〇年七月までの山口高等中学校本科(山口高等学校)全卒業者一二九名を調査した結果である「五学校→山口高等中学校(山口高等学校)→帝国大学進学者一覧」を基に作成。なお、この「一覧」は第15表として一六七〜一七七頁に収載。

(45) 「累年入学者明細表」より算出。

(46) 同前。

(47) 第15表「五学校→山口高等中学校(山口高等学校)→帝国大学進学者一覧」より算出。

(48) 筧田知義『旧制高等学校教育の成立』ミネルヴァ書房、一九七五、一一五頁。

(49) 第15表「五学校→山口高等中学校(山口高等学校)→帝国大学進学者一覧」より算出。各人の年齢(生まれ月)については、九月を基準とし、六ヶ月未満は切り捨て、六ヶ月以上は切り上げとした。

(50) 『日本の近代一二　学歴貴族の栄光と挫折』五六〜五七頁。

(51) 同前、五六頁。

(52) 具体的には、第14表から分かるように、明治二六〜三〇年にかけて山口高等中学校(山口高等学校)を卒業して帝国大学に進学した者(一二〇名)の中で、五学校出身者(六一名)は五〇・八%にすぎなかった。したがって、五学校を経て山口高等中学校(山口高等学校)に入学した者の中で、帝国大学にまでたどりつけた者の割合はこれよりさらに下がる。

(53) 渡邊(旧姓中川)言美氏は、「防長教育会による育英事業の展開――山口高等学校廃止前を中心として――」(『広島大学教育学部紀要』第一部(教育学)、第四一号、一九九二)の中で、「やはり圧倒的多数の卒業生が帝国大学への進学をはたしている」と述べている。

第 15 表　五学校→山口高等中学校（山口高等学校）→帝国大学進学者一覧

明治 26 年 7 月山口高等中学校本科卒業

氏　名 （本籍・族籍）	山口高等中学校 （山口高等学校） 入学前の経歴	山口高等中学校		山口高等学校（大学予科）卒業	山口高等中学校本科 （山口高等学校）卒業 後の進路	帝大入学の場合，入学時の年齢	
		予科卒業	本科卒業				
瀬川　秀雄 （山口・士族）	岩国学校 3 年	24 年 7 月	26 年 7 月		帝国大学文科大学	20	※
杉　敏介 （山口・士族）	岩国学校	23 年 7 月	26 年 7 月		帝国大学文科大学	21	※
佐々木　道彦 （山口・士族）	豊浦学校	23 年 7 月	26 年 7 月		帝国大学法科大学	22	※
村上　俊江 （山口・平民）	山口学校卒業	24 年 7 月	26 年 7 月		帝国大学文科大学	22	※
藤末　三平 （山口・士族）	萩学校	24 年 7 月	26 年 7 月		第五師団服役		
上山　小次郎 （山口・士族）	山口学校	24 年 7 月	26 年 7 月		ドイツ留学		
伊藤　悌藏 （山口・士族）	山口学校	24 年 7 月	26 年 7 月		帝国大学農科大学	21	※
西　英盛 （山口・士族）	周陽学舎	24 年 7 月	26 年 7 月		帝国大学理科大学	21	
井上　禧之助 （山口・士族）	岩国学校 2 年	24 年 7 月	26 年 7 月		帝国大学理科大学	20	※
河内山　幸作 （山口・平民）	徳山学校	24 年 7 月	26 年 7 月		帝国大学理科大学	23	※

明治 27 年 7 月山口高等中学校本科卒業

氏　名 （本籍・族籍）	山口高等中学校 （山口高等学校） 入学前の経歴	山口高等中学校		山口高等学校（大学予科）卒業	山口高等中学校本科 （山口高等学校）卒業 後の進路	帝大入学の場合，入学時の年齢	
		予科卒業	本科卒業				
羽村　恵助 （山口・平民）	東京共立学校	25 年 7 月	27 年 7 月		帝国大学法科大学	21	
中丸　一平 （山口・士族）	東京東洋英和学校	25 年 7 月	27 年 7 月		帝国大学法科大学	24	
岩政　憲三 （山口・士族）	岩国学校	25 年 7 月	27 年 7 月		帝国大学法科大学	21	※
登張　信一郎 （広島・平民）	広島県尋常中学校 4 年	25 年 7 月	27 年 7 月		帝国大学文科大学	21	
佐藤　馬太 （山口・平民）	山口学校卒業	24 年 7 月	27 年 7 月		萩学校教員		
伊香賀　矢六 （山口・士族）	山口学校卒業	24 年 7 月	27 年 7 月		帝国大学法科大学	25	※
末廣　忠介 （山口・平民）	山口学校卒業	25 年 7 月	27 年 7 月		帝国大学工科大学	24	※
横畠　雄介 （山口・士族）	山口学校卒業	24 年 7 月	27 年 7 月		帝国大学工科大学	21	※
池永　太六 （山口・平民）	山口学校卒業	24 年 7 月	27 年 7 月		帝国大学理科大学	23	※
井上　幸一 （山口・平民）	豊浦学校卒業	25 年 7 月	27 年 7 月		帝国大学工科大学	21	※
永見　桂三 （山口・士族）	武学講習所	24 年 7 月	27 年 7 月		帝国大学工科大学	27	
金重　林之助 （山口・平民）	山口学校卒業	24 年 7 月	27 年 7 月		帝国大学工科大学	25	※
阿川　重郎 （山口・士族）	山口数英学舎	24 年 7 月	27 年 7 月		帝国大学工科大学	25	

明治 28 年 7 月山口高等学校卒業

氏　名 (本籍・族籍)	山口高等中学校 (山口高等学校) 入学前の経歴	山口高等中学校		山口高等学校(大学予科)卒業	山口高等中学校本科 (山口高等学校)卒業 後の進路	帝大入学の場合，入学時の年齢	
		予科卒業	本科卒業				
樋山　宙造 (山口・平民)	山口学校卒業	26 年 7 月		28 年 7 月	帝国大学法科大学	21	※
湯浅　義一 (山口・士族)	山口学校卒業	26 年 7 月		28 年 7 月	帝国大学文科大学	21	※
湯浅　倉平 (福島・士族)	豊浦学校卒業	25 年 7 月		28 年 7 月	帝国大学法科大学	22	※
竹末　悌四郎 (兵庫・士族)	第三高等中学校本科 1 級，27 年 9 月大学予科 3 年入学			28 年 7 月	帝国大学文科大学	不明	
井上　最吉 (山口・平民)	山口新学館	26 年 7 月		28 年 7 月	帝国大学法科大学	22	
和田　琳熊 (山口・士族)	山口学校卒業	26 年 7 月		28 年 7 月	帝国大学文科大学	25	※
金光　理平太 (岡山・平民)	第三高等中学校本科 1 級，27 年 9 月大学予科 3 年入学			28 年 7 月	帝国大学法科大学	不明	
横山　達三 (山口・士族)	萩学校卒業	25 年 7 月		28 年 7 月	帝国大学文科大学	23	※
岩田　博蔵 (山口・士族)	第三高等中学校本科 1 級，27 年 9 月大学予科 3 年入学			28 年 7 月	岩国学校教員		
藤井　信吉 (山口・士族)	山口学校卒業	26 年 7 月		28 年 7 月	帝国大学文科大学	24	※
村田　稔亮 (山口・士族)	山口協力義塾	26 年 7 月		28 年 7 月	帝国大学文科大学	22	
井上　要二 (山口・士族)	萩学校卒業	26 年 7 月		28 年 7 月	豊浦学校教員		
川部　孫四郎 (山口・平民)	豊浦学校卒業	26 年 7 月		28 年 7 月	帝国大学工科大学	23	※
桂　弁三 (山口・士族)	豊浦学校卒業	26 年 7 月		28 年 7 月	帝国大学工科大学	21	※

斎藤　大吉 （岡山・士族）	第三高等中学校本科１級，27年９月大学予科３年入学			28年７月	帝国大学工科大学	不明	
町原　駉 （福井・士族）	第三高等中学校本科１級，27年９月大学予科３年入学			28年７月	帝国大学理科大学	不明	
妻木　省三 （山口・士族）	第三高等中学校予科補充科卒業，23年10月山口高等中学校予科１年入学	26年７月		28年７月	帝国大学工科大学	不明	
田川　正次郎 （大阪・平民）	第三高等中学校本科１級，27年９月大学予科３年入学			28年７月	帝国大学工科大学	不明	
中本　英彦 （山口・平民）	萩学校卒業	25年７月		28年７月	帝国大学工科大学	23	※
杉　卯七 （山口・士族）	豊浦学校卒業	26年７月		28年７月	帝国大学工科大学	24	※
山根　真逸 （山口・士族）	慶應義塾	25年７月		28年７月	帝国大学農科大学	22	
原田　豊喜 （大阪・士族）	第三高等中学校本科２年級，27年９月大学予科３年入学			28年７月	帝国大学工科大学	不明	
青木　寿 （北海道・平民）	第一高等中学校，25年11月山口高等中学校本科１年入学			28年７月	帝国大学工科大学	27	
田上　鹿槌 （山口・平民）	豊浦学校卒業	25年７月		28年７月	教員奉職		
稲村　篤太 （山口・平民）	豊浦学校卒業	25年７月		28年７月	帝国大学工科大学	24	※
桑田　五九郎 （東京・平民）	豊浦学校卒業	26年７月		28年７月	帝国大学工科大学 （在学中死亡）	21	※

明治 29 年 7 月山口高等学校卒業

氏　名 (本籍・族籍)	山口高等中学校 (山口高等学校) 入学前の経歴	山口高等中学校		山口高等学校(大学予科)卒業	山口高等中学校本科 (山口高等学校)卒業 後の進路	帝大入学の場合，入学時の年齢	
		予科卒業	本科卒業				
岡村　邦彦 (山口・士族)	山口学校卒業	27 年 7 月		29 年 7 月	帝国大学法科大学	21	※
澤田　牛麿 (高知・士族)	第一高等中学校予科 2 年，25 年 9 月山口高等中学校予科 2 年入学	27 年 7 月		29 年 7 月	帝国大学法科大学	23	
湯原　理三郎 (鳥取・平民)	第三高等中学校本科 1 年級，27 年 9 月大学予科 2 年入学			29 年 7 月	帝国大学法科大学	25	
原田　豊次郎 (山口・平民)	山口学校卒業	27 年 7 月		29 年 7 月	帝国大学法科大学	22	※
阿野　鶴三郎 (山口・平民)	豊浦学校卒業	27 年 7 月		29 年 7 月	帝国大学法科大学	23	※
中村　時章 (山口・士族)	萩学校卒業	27 年 7 月		29 年 7 月	帝国大学法科大学	21	※
杉山　助之進 (山口・士族)	山口協力義塾	27 年 7 月		29 年 7 月	帝国大学法科大学，のち退学，教員奉職	21	
西　晋一郎 (鳥取・士族)	第三高等中学校本科 1 年級，27 年 9 月大学予科 2 年入学			29 年 7 月	帝国大学文科大学	24	
土肥　實雄 (山口・士族)	山口学校卒業	27 年 7 月		29 年 7 月	帝国大学文科大学	21	※
吉岡　郷甫 (山口・平民)	山口学校卒業	27 年 7 月		29 年 7 月	帝国大学文科大学	21	※
林　博太郎 (東京・華族)	東京府尋常中学校卒業	27 年 7 月		29 年 7 月	帝国大学文科大学	23	
玉木　三郎 (広島・士族)	第三高等中学校本科 1 年級，27 年 9 月大学予科 2 年入学			29 年 7 月	帝国大学文科大学	22	
窪田　秀藏 (山口・平民)	山口学校卒業	27 年 7 月		29 年 7 月	帝国大学文科大学	23	※

柿山　清 （鳥取・平民）	第三高等中学校本科1年級，27年9月大学予科2年入学			29年7月	帝国大学文科大学	26	
大田　豊 （山口・士族）	岩国学校卒業	27年7月		29年7月	帝国大学文科大学（在学中死亡）	20	※
藤井　光藏 （山口・平民）	山口錦川学舎	27年7月		29年7月	帝国大学工科大学	20	
和田　敬三 （山口・士族）	豊浦学校卒業	27年7月		29年7月	帝国大学工科大学	21	※
赤羽　彰 （長野・平民）	山口学校卒業	27年7月		29年7月	帝国大学工科大学（在学中死亡）	21	※
石川　鼎 （兵庫・士族）	第三高等中学校予科卒業，27年9月大学予科2年入学			29年7月	帝国大学工科大学	22	
大島　十郎 （山口・平民）	山口学校卒業	27年7月		29年7月	帝国大学工科大学，のち京都帝国大学に転学	21	※
谷村　良太 （山口・士族）	周陽学舎	27年7月		29年7月	帝国大学工科大学	22	
横倉　英次郎 （石川・士族）	鹿児島高等中学造士館予科卒業，27年9月大学予科2年入学			29年7月	帝国大学工科大学	23	
今井　長治 （山口・士族）	山口学校卒業	25年7月		29年7月	帝国大学工科大学	25	※
糟谷　陽二 （山口・士族）	第一高等中学校予科卒業，27年9月大学予科2年入学			29年7月	帝国大学工科大学	23	
高橋　武太郎 （岡山・士族）	山口学校卒業	27年7月		29年7月	帝国大学工科大学	22	※
古庄　鹿之助 （福岡・士族）	福岡尋常中学明善校卒業，23年9月山口高等中学校予科2年入学	27年7月		29年7月	帝国大学工科大学	25	
松倉　俊造 （山口・平民）	萩学校卒業	27年7月		29年7月	帝国大学理科大学	20	※

明治 30 年 7 月山口高等学校卒業

氏　名 (本籍・族籍)	山口高等中学校 (山口高等学校) 入学前の経歴	山口高等中学校		山口高等学校（大学予科）卒業	山口高等中学校本科 (山口高等学校)卒業 後の進路	帝大入学の場合，入学時の年齢	
		予科卒業	本科卒業				
林　清 (山口・平民)	岩国学校卒業			30 年 7 月	東京帝国大学法科大学	21	※
島田　俊雄 (山口・平民)	萩学校卒業			30 年 7 月	東京帝国大学法科大学	20	※
廣中　佐兵衛 (山口・平民)	山口学校卒業			30 年 7 月	東京帝国大学法科大学	21	※
三浦　倫吉 (島根・平民)	島根県尋常中学校 4 年級，25 年 9 月山口高等中学校予科 1 年入学			30 年 7 月	東京帝国大学法科大学	25	
中川　明八 (山口・平民)	山口学校卒業			30 年 7 月	東京帝国大学法科大学	22	※
吉松　武通 (山口・平民)	徳山学校卒業			30 年 7 月	教員奉職		
江本　久藏 (山口・士族)	豊浦学校卒業			30 年 7 月	東京帝国大学法科大学	24	※
笠原　正二 (山口・士族)	萩学校卒業			30 年 7 月	東京帝国大学法科大学	21	※
佐竹　制心 (愛知・平民)	滋賀県尋常中学校卒業，27 年 9 月大学予科 1 年入学			30 年 7 月	東京帝国大学文科大学	24	
福原　徳三 (山口・士族)	山口協力義塾			30 年 7 月	東京帝国大学文科大学	24	
柴田　達三郎 (東京・士族)	東京府尋常中学校卒業，26 年 9 月山口高等中学校予科 2 年入学			30 年 7 月	東京帝国大学文科大学	22	
阿部　傳 (山口・士族)	豊浦学校卒業			30 年 7 月	東京帝国大学文科大学	21	※
西村　房太郎 (長崎・士族)	長崎県尋常中学校卒業，26 年 9 月山口高等中学校予科 2 年入学			30 年 7 月	東京帝国大学文科大学	23	

鈴木　行治 （山口・士族）	東京英語学校，24年9月山口高等中学校予科1年入学			30年7月	教員		
高木　尚介 （山口・士族）	岩国学校卒業			30年7月	東京帝国大学文科大学	23	※
野村　精一 （山口・平民）	山口学校卒業			30年7月	東京帝国大学文科大学（在学中死亡）	22	※
藏田　世祐 （山口・士族）	山口学校卒業			30年7月	東京帝国大学文科大学	24	※
谷川　清治 （山口・士族）	山口学校卒業			30年7月	兵役（陸軍士官候補生）		
久保田　得三 （山口・平民）	萩学校卒業			30年7月	東京帝国大学工科大学	20	※
最上（旧姓増野）　慶二 （山口・士族）	萩学校卒業			30年7月	東京帝国大学工科大学	22	※
大田　勇之進 （山口・平民）	萩学校卒業			30年7月	東京帝国大学工科大学	23	※
山本　盛正 （鹿児島・士族）	鹿児島造士館本科2年，29年9月大学予科3年入学			30年7月	東京帝国大学工科大学	24	
福原　俊丸 （山口・士族）	山口学校卒業			30年7月	東京帝国大学工科大学	21	※
下村　尚義 （鹿児島・士族）	鹿児島造士館本科2年，29年9月大学予科3年入学			30年7月	東京帝国大学工科大学	23	
朝倉　政次郎 （山形・平民）	鹿児島造士館本科2年，29年9月大学予科3年入学			30年7月	東京帝国大学工科大学	26	
鴨井　清三 （香川・平民）	京都府末廣学館，25年9月山口高等中学校予科1年入学			30年7月	京都帝国大学理工科大学	21	
岩城　信太郎 （愛媛・士族）	第三高等学校大学予科1年級，28年9月大学予科2年入学			30年7月	京都帝国大学理工科大学	24	

牛奥　劼三 （静岡・士族）	東京府尋常中学校卒業，26 年 9 月山口高等中学校予科 2 年入学			30 年 7 月	東京帝国大学工科大学	23	
尾原　雄之助 （山口・平民）	山口学校卒業			30 年 7 月	東京帝国大学工科大学	25	※
河村　素彦 （山口・士族）	東京錦城尋常中学卒業			30 年 7 月	東京帝国大学工科大学	22	
上田　武夫 （兵庫・平民）	第三高等学校予科卒業，27 年 9 月大学予科 2 年入学			30 年 7 月	東京帝国大学工科大学	26	
上山　達三 （山口・平民）	周陽学舎			30 年 7 月	東京帝国大学工科大学	25	
林　金四郎 （山口・士族）	豊浦学校卒業			30 年 7 月	東京帝国大学工科大学	24	※
重宗　彦熊 （山口・平民）	山口学校卒業			30 年 7 月	東京帝国大学工科大学	24	※
本間　冬一 （広島・士族）	東京府尋常中学校卒業，25 年 9 月山口高等中学校予科 2 年入学			30 年 7 月	東京帝国大学工科大学	24	
小林　健二 （長崎・士族）	鹿児島造士館本科 2 年，29 年 9 月大学予科 3 年入学			30 年 7 月	東京帝国大学工科大学	25	
三浦　鐐 （島根・士族）	島根県第一尋常中学校卒業，27 年 9 月大学予科 1 年入学			30 年 7 月	東京帝国大学工科大学	23	
繁富　政助 （山口・平民）	萩学校卒業			30 年 7 月	東京帝国大学理科大学のち中退，教員就職	22	※
西本　長治 （高知・平民）	鹿児島造士館本科 2 年，29 年 9 月大学予科 3 年入学			30 年 7 月	東京帝国大学理科大学	24	
横井　正一 （徳島・士族）	徳島県尋常中学校卒業，27 年 9 月大学予科 1 年入学			30 年 7 月	東京帝国大学農科大学	22	

末廣　彦介（山口・平民）	徳山学校卒業			30年7月	東京帝国大学農科大学	23	※
関　定則（岩手・士族）	第二高等中学校予科卒業，27年10月大学予科1年入学			30年7月	東京帝国大学医科大学	22	
井上　嘉都治（京都・士族）	第三高等学校大学予科1年級，28年9月大学予科2年入学			30年7月	東京帝国大学医科大学	21	
二木　謙三（秋田・平民）	第二高等中学校予科卒業，27年10月大学予科1年入学			30年7月	東京帝国大学医科大学	25	
村上　龍造（福岡・平民）	豊津尋常中学校卒業，26年9月山口高等中学校予科2年入学			30年7月	東京帝国大学医科大学	23	
遠山　景精（秋田・士族）	第二高等中学校予科卒業，27年10月大学予科1年入学			30年7月	東京帝国大学医科大学	22	
斎藤　恭三（埼玉・平民）	第二高等中学校予科卒業，27年10月大学予科1年入学			30年7月	東京帝国大学医科大学	22	
吉川　寿三郎（岐阜・士族）	第二高等中学校予科卒業，27年10月大学予科1年入学			30年7月	東京帝国大学医科大学	23	
黒川　如水（山口・士族）	山口学校卒業			30年7月	東京帝国大学医科大学	21	※
吉本　清太郎（福岡・平民）	豊津尋常中学校卒業，26年9月山口高等中学校予科2年入学			30年7月	東京帝国大学医科大学	25	

真板　廉平（神奈川・平民）	東京府尋常中学校卒業，26 年 9 月山口高等中学校予科 2 年入学			30 年 7 月	東京帝国大学医科大学	22	
松村　章（山口・士族）	山口学校卒業			30 年 7 月	東京帝国大学医科大学	23	※
友田　保登（山口・平民）	山口協力義塾			30 年 7 月	東京帝国大学医科大学	22	

（注）本表は，五学校→山口高等中学校（山口高等学校）→帝国大学進学者を表すことを目的とするが，明治 26 年 7 月～ 27 年 7 月までの山口高等中学校卒業者，28 年 7 月～ 30 年 7 月までの山口高等学校卒業者はすべて記載した。各卒業年における氏名の順番は，『山口高等中学校一覧』及び『山口高等学校一覧』収載の卒業者名簿の順番にしたがった。帝大入学時の年齢については，9 月を基準として，6 ヶ月未満の場合は切り捨て，6 ヶ月以上は切り上げとした。明治 31 年 7 月山口高等学校大学予科卒業者（28 年 9 月入学）の入学前の経歴については，28 年 4 月に山口県尋常中学校が設立されていたため，五学校を経た者も学制改革によって山口県尋常中学校卒業（28 年 7 月）となっている。このため，31 年 7 月以降の山口高等学校卒業者は対象としない。右欄外に※がついている者が，五学校→山口高等中学校（山口高等学校）→帝国大学と進学した者である。山口高等中学校（山口高等学校）入学前の経歴は，史料表記のまま掲げた。

「私立山口学校外四学校職員生徒名簿」（山口県文書館蔵），『山口高等中学校一覧』及び『山口高等学校一覧』の各年版（山口大学付属図書館蔵）より作成。

関連事項　27 年 9 月　山口高等中学校が山口高等学校に改組される

28 年 4 月　山口県尋常中学校設立

30 年 9 月　萩・徳山・豊浦・岩国の四学校を山口県尋常中学校の分校とする

第六章　山口県の進学体系の終焉

――五学校から尋常中学校への転換――

問題の設定

明治一九年四月公布の「中学校令」によって尋常中学校が登場した結果、中学校正格化は完成し、近代日本の中学校制度の基礎が固まる。これを受けて、各府県では尋常中学校を設立していくが、「尋常中学校ハ各府県ニ於テ便宜之ヲ設置スルコトヲ得」（「中学校令」第六条）との規定からも分かるように、設置義務は課せられていなかった。このため、当初は各々の地域事情によって尋常中学校を設立しなかった県も存在した。特に山口県では、「中学校令」公布以降一〇年近くもの間、あえて尋常中学校を作らず、その代替として五学校を経営していた。

ところが、中学校教育推進政策を打ち出した文部省は、明治二四年一二月に「中学校令」を改正して各府県に尋常中学校の設置義務を負わせたため、山口県では中等教育の根本的改変を迫られることとなった。山口県の場合は、尋常中学校の設立も複雑な経過をたどり、他県のように県当局対県会といった単純な構造図式での設立問題ではなかった。その理由としては、防長教育会（以下、教育会と略記）という県内の中等教育に大きな権限を持つ組織が存在していたことと、同会の経営による五学校がすでに存在していたことがあげられる。本章では、このような特殊事情を抱える山口県において、独自の進学体系が全国的な教育階梯に組み込まれていく過程を検討することによって、山口県にとって中等教育、特に尋常中学校とは何であり、進学教育の視点から見て、その設立はどのような教育史的意義を有していたのかを明らかにする。

尋常中学校の設立に関する従来の先行研究では、明治一九年の「中学校令」に対する各県の動向を主たる対象としており[1]、二四年の「改正中学校令」に対する動向については、各県発行の教育史等で概説的に触れられるにとどまっている。[2] しかし、一九年と二四年の「中学校令」では尋常中学校の設置規定が大きく異なっており、各県の対応も同一に論じられる性格のものではない。したがって、明治二四年「改正中学校令」に基づく設置義務化体制の下で、文部省の指導に対して各県がどのような対応をしたのか、特に山口県ではどのような経緯によって尋常中学校が設立されるに至ったのかを検討することは、中学校教育の地方的展開を考えるうえでも重要なのである。

以上のような問題意識に基づいて、本章では、教育会の記録、県当局関係者及び教育会関係者の書簡、県当局と教育会との間に交わされた各種文書、県会議事録等を史料として、尋常中学校設立をめぐる県当局・教育会・県会の動向を検討することによって、五学校から尋常中学校への転換の過程を明らかにする。なお、その際、尋常中学校設立問題の中心となった教育会の「中等教育観」（ここでは中等教育に対する捉え方や認識のことをいう）についても、進学教育との関係を中心に触れてみたい。

第一節　尋常中学校設立の契機

一　明治二四年「改正中学校令」の公布

明治一九年四月に「中学校令」が公布されて以降、「地方税ノ支弁又ハ補助ニ係ルモノハ各府県一箇所ニ限ルヘシ」（第六条）との規定に制約されながらも、各府県は従来の中学校を改組・移管したり、あるいは新たに設置したりしたため、府県立尋常中学校数は明治二一年には四〇校に及んだ。[3] だが、北海道と宮城・埼玉・神奈川・新潟・石川・山口・香川・熊本・宮崎・鹿児島の一〇県には未だ設置されていなかった。[4] 山口県の場合、あえて尋常中学校を作らずに五学校を成立させたが、この間の事情については、すでに著者が検討を加えている。[5]

ところが、明治二四年一二月になると、文部省の中学校教育推進政策に基づいて「中学校令」が改正された。この「改正中学校令」では「尋常中学校ハ各府県ニ於テ一校ヲ設置スベキモノトス」(第六条)という府県立尋常中学校の設置義務化が打ち出されたほか、府県立尋常中学校の複数設置や郡市町村立も認められることとなった。このような政策変更に影響されて、校数が急増し始めた明治二六年には、公私立を問わず尋常中学校が全く存在しないのは、北海道と埼玉・神奈川・山口・熊本・鹿児島の五県のみとなった。[6] 当然、これら道県に対して、文部省は個別に強い行政指導を行った。行政指導の甲斐あってか、明治二七年には熊本・鹿児島、二八年には山口・北海道、二九年には埼玉と次々と設置されていき、三〇年の神奈川を最後としてすべての道府県に尋常中学校の設置を見たのである。[7]

文部省の指導に対する各県の対応は、その地域事情(中学校の沿革、県の財政状況、県会の動向、地域利益対立の問題等)もあってまちまちであった。例えば、熊本県の場合は、当初、私立九州学院普通学部が尋常中学校の代替として文部省の認可を受けていた。しかし、正規の尋常中学校を求める文部省の意向を受けて、明治二七年には普通学部が独立して県の管理学校たる熊本県尋常中学校済々黌が成立している。[8] また、埼玉県では、文部省の督励と入学志願者の増加を受けて、明治二五年に尋常中学校設置案が県会に提出されたが、県財政の疲弊、東京への遊学の便、私立埼玉英和学校の存在等を理由として否決された。[9] だが、さらなる文部省の指導によって、明治二八年の県会で浦和・熊谷への県立尋常中学校設置案が可決されている。神奈川県では、文部省の指導の下、明治二五年の県会に県立尋常中学校設置案(場所は小田原)が提出されたが、東京への遊学の便、小田原の地理的問題、県財政の状況等を理由として否決された。[10] この決定に対して、文部省は神奈川県の特殊事情を認めず、さらに指導を強めたため、ついに明治二八年の県会で設置案が成立したのであった。

二　山口県への影響

これら他県以上に、五学校によって独自の進学教育を行ってきた山口県では「改正中学校令」の影響は深刻であった。なぜならば、全国一元的な尋常中学校の設立を迫られたからである。文部省の山口県への指導とこれに対する県当局の対応は、「中学校令」改正の翌明治二五年初頭には始まったと考えられる。このことは、原保太郎知事から井上毅文相あての「尋常中学校設置ノ件ニ付御伺」(明治二六年九月一二日付)に「中学校令第六條ニ依リ、本県ニ於テモ尋常中学校ノ設立ヲ要シ候所、客年三月二月十三日付ヲ以テ及上申候[11]」とあることや、明治二七年通常県会における吉田醇一書記官の発言(一一月一六日)に「二十六年度ニ於テ設立ノ目的ヲ以テ取調ヘタルニ、設備ニ差支ノ廉アリテ同年度ノ予算ニ編入ノ運ニ至ラサルカ故ニ[12]」とあることから分かる。

では、文部省の指導とはどのような内容だったのだろうか。従来、山口高等中学校予科と五学校とで尋常中学校の代替としてきた山口県であるが、文部省は教育目的の違いを理由に尋常中学校の設置を強く迫ってきた。先の吉田発言ではこの間の事情が次のように述べられている[13]。

尋常中学校ノ事ハ明治廿四年勅令第二百四十三号ヲ以テ改正セラレタリ。其以前ハ之ヲ設置スルト否トハ府県ノ適宜ナリシニ改正後ハ毎府県ニ必ス之ヲ設置スヘキコトトナレリ。本県ニハ高等中学アリテ之レカ予科ノ設アリ。且又山口学校其他ノ四校モアルカ故ニ、実際普通教育ニ差支ナシト認メ其筋ニ向テ尋常中学校設立見合ノ儀ヲ上申セリ。然ルニ其筋ニ於テハ高等中学校ノ予科ト尋常中学校トハ其教育ノ目的ヲ異ニスルヲ以テ子弟ノ為メニ便宜ヲ与ヘ得ルモノニアラサレハ、成規ノ通リ設立ノ準備ヲ為スヘキ旨照会シ来レリここでは、文部省が高等中学校予科と尋常中学校との教育目的の違いを指摘したことが語られているが、五学校と尋常中学校との間でも同様のことがいえた。おそらく、文部省当局者の考える中等教育の目的とは、高等教育機関への進学のみを目的とするものであってはならず、「実業ニ就カント欲シ又ハ高等ノ学校ニ入ラン」(「中学校令」第一条)とすることであったと考えられる。このため、進学教育に偏していた山口県に対して、「改正中学校令」第六条を根拠に、尋常中学校の設置を強く求めてきたのであろう。

これに対し、進学教育の場としての尋常中学校にさほどの存在意義を認めていなかった県当局は、県下の中等教育の沿革及び実情や県財政の状況等を理由として設立見合わせを上申したが、文部省の強い態度の前に早急な対応を迫られることとなった。まず、明治二六年度予算案に新設費を計上しようとしたが果たせなかったため、「一ケ年度ノ猶予ヲ申請シ再三往復ヲ重ネタル上特別ニ閣置クトノコトニナリタリ[14]」として一年の猶予が認められたものの、「廿七年度ニ於テハ、其費用ヲ予算ニ編入シテ設立スヘキ筈ナリシニ、昨年十月十四日非常ノ暴風雨災害[15]ノ為メ巨額ノ臨時費ヲ要シタルヲ以テ、当局者ハ又更ニ一ケ年猶予ヲ申立[16]」たが、再度の延期であったため容易に認められず、度重なる文部省との交渉の結果、明治二七年度だけの延期、つまり、二八年度設立ということでやっと許可がおりた。

第二節　尋常中学校設立をめぐる防長教育会の動向

文部省に対する県当局の対応に大きな影響力を持っていたのが教育会であった。教育会は県下の中学校教育振興組織として設立(明治一七年一〇月)されたため、尋常中学校の設立問題についても終始大きく関わっていた。では、教育会は尋常中学校の設立問題とどのように関わっていたのであろうか。

山口高等中学校には、「山口高等中学校管理要項」（明治一九年一〇月制定）に基づいて、校長の推薦や学校予・決算等の重要事項の審議を行う商議委員会が設けられていた（山口高等学校に改組後も存続）。つまり、この商議委員会が山口高等中学校経営の直接的機関であった。商議委員は当初七名であったが、のち定員外として一一名が追加され、すべて教育会の会員から選出されたため、山口高等中学校（山口高等学校）に対する教育会の意向が直接に反映される場が商議委員会であった（適宜、教育会の顧問、幹事、副幹事等も商議委員会に参加[17]）。商議委員のほとんどが山口県出身の在京名士たちであったため、委員会は東京で開かれていたが、開催日は不定期であった[18]。

第16表 尋常中学校設立に関する商議委員会一覧

開催年月日	開催場所（すべて東京市内）	出席者（教育会での役職等）
明治二六年 五月二二日	井上馨内相官邸	井上 馨（顧問）、杉 孫七郎（幹事・商）、曽根 荒助（商）、柏村 信（常務幹事・商）、江木 千之（常務副幹事・商）、河内 信朝（山口高等中学校長）
二六年 六月 一日	毛利公爵邸（高輪）	井上 馨、品川 弥二郎（幹事・商）、杉 孫七郎、吉川 重吉（商）、三浦 梧楼（幹事・商）、白根 専一（副幹事・商）、曽根 荒助、柏村 信、井関 美清（常務副幹事）、河内 信朝、江木 千之
二六年 六月一八日	藤田組支店（築地）	井上 馨、杉 孫七郎、三浦 梧楼、吉川 重吉、曽根 荒助、江木 千之、白根 専一、柏村 信、進 十六（商）、河内 信朝
二六年 六月二九日	藤田組支店	原 保太郎知事、杉 孫七郎、三浦 梧楼、柏村 信、吉川 重吉、江木 千之、白根 専一、曽根 荒助、吉富 簡一（商）、進 十六、河内 信朝、井上 勝之助（商）、品川 弥二郎

二七年　五月二〇日	富士見軒	白根　専一、林　友幸（常務幹事）、三浦　梧楼、野村　靖（幹事・商）、品川　弥二郎、江木　千之、大野　直輔（副幹事）、杉　孫七郎、大岡　育造（商）、馬屋原　彰（商）、進　十六、柏村　信、岡田　良平（山口高等中学校長）、志賀　平蔵（県参事官）
二七年一〇月　五日	井上馨内相官邸	野村　靖、杉　孫七郎、井上　勝之助、吉川　重吉、林　友幸、白根　専一、大岡　育造、馬屋原　彰、進　十六、江木　千之、大野　直輔、柏村　信、海老名　恕介（県内務部第三課長）
二七年一〇月一一日	富士見軒	不　明
二七年一一月二六日	野村靖内相官邸	品川　弥二郎、吉川　重吉、野村　靖、井上　勝之助、三浦　梧楼、馬屋原　彰、進　十六、江木　千之、大野　直輔、大岡　育造
二八年　二月二三日	富士見軒	野村　靖、林　友幸、三浦　梧楼、白根　専一、周布　公平（副幹事・商）、吉川　重吉、杉　孫七郎、馬屋原　彰、進　十六、大野　直輔、江木　千之、柏村　信
二八年　三月一〇日	野村靖内相官邸	林　友幸、三浦　梧楼、白根　専一、吉川　重吉、馬屋原　彰、大野　直輔、大岡　育造、柏村　信

（注）「防長教育会記録」、「忠愛公伝」第九編第三章第五節、『山口高等商業学校沿革史』（山口高等商業学校、一九四〇）より作成。出席者名の順序は「防長教育会記録」の表記の順序に従った。また、教育会での役職等に（商）とあるのは商議委員のことであり、役職名は初出の場合のみ記載し、二回目以降は省略した。なお、教育会の役職名の幹事、副幹事等は創設当時のものである。出席者不明の部分は「防長教育会記録」に出席者名が記載されていないためである。

第16表は尋常中学校設立に関して開かれた商議委員会の一覧である。

商議委員会の席上、初めて五学校の改変が話題にのぼったのは明治二六年五月二三日のことであった（場所は教育会顧問の井上馨内相官邸[19]）。審議事項八項目中の第三項に「県下五学校ノ経費七千円ハ地方税ノ支弁ニ移シ地方ニ於テ負担セシムルコトノ計画ヲ為スコト」[20]が取り上げられたが結論を見なかったのである。だが、この時点では五学校の県立移管が焦点であって、審議途中に尋常中学校設立の話が出たかどうかは分からない。当時、生徒数増に伴う五学校経費の増加が教育会の財政を圧迫していたため、山口高等中学校の経営にも支障が出てくる有様であった。[21]そこで、教育会は五学校の経費を地方税に委ねようとしたのであろう。明治二六年五月というのは、折しも前年の初頭から始まっていた文部省の指導に対して、県当局がその対応に苦慮している時期であった。前年の県会に尋常中学校新設費を計上しようとしたが果たせず、一年の猶予を文部省に申請していたのである。[22]このような時期に教育会内部で五学校の県立移管の話が持ち上がったのであった。

次いで開かれた明治二六年六月一日の商議委員会（場所は東京高輪の毛利邸）において、初めて尋常中学校設立の方針が決まった。[23]審議事項九項目中の第二項に「尋常中学校ヲ設置シ、地方税支出ノ方法并ニ高等中学校予科ニ於ケル経費ノ節減見込案等ヲ立テ、尚ホ后会ヲ催スコトニ決定セリ」[24]として、「地方税」即ち県費によって尋常中学校を設立するということが確認されている。この方針は前回の商議委員会における五学校の県立移管問題の延長線上にあると考えられ、五学校を母体として尋常中学校を設立することが想定されていたものと考えられる。そして、具体的方法については後の商議委員会で審議していくこととなったのである。

三回目の商議委員会は明治二六年六月一八日（場所は東京築地の藤田組支店、藤田組は萩出身の藤田伝三郎が大阪に設立した会社）に開かれ、尋常中学校関係として二項目が決議された。[25]第一項には、

尋常中学校設置ノ事ハ山口県知事上京ノ上別紙地方税支出方法諸項ノ協議ヲ為シ其一ヲ撰ハシムルコト
但教育会ノ希望ハ別紙地方税支出方法第四項ノ方案ヲ良トスルコト

とあって、改めて「地方税」によって設立する方針が確認され、その支出方法については「別紙地方税支出方法」の第四項が教育会にとって最良であるとしている。[26]「別紙地方税支出方法」とは、「中学教育ニ付地方税支出ノ方案」[27]のことを指すと考えられ、これには尋常中学校の設置形態及び地方税支出の方法についての教育会の案が五項目にわたって列挙されており、さらに各項目ごとに詳細な意見も述べられている。

「中学教育ニ付地方税支出ノ方案」の第一項は山口学校を「地方税ノ支弁」による尋常中学校とし、他の四校は高等小学校として教育会より経費の一部を補助するというものであった。第二項は山口に尋常中学校を新設し、五学校をその分校として経費はすべて地方税より支出して、さらに「諸学校通則」第一条によってこれら本・分校を国に寄付して文部大臣の管理に委ねるというものであった。第三項は尋常中学校は作らず、五学校を現在のままにしてその経費全額（七、〇〇〇円）を地方税より支出するというものであった。第四項には「山口学校ヲ尋常中学校トナシ地方税支弁ニ移シ高等中学校ノ予科ハ漸次ニ之ヲ廃シテ他ノ四学校ハ現在ノ侭教育会ヨリ維持継続スルコト」[28]とあって、山口学校を地方税支弁の尋常中学校として、他の四校は今まで通り私立とし、教育会が経費を支出して維持するというものであった。第五項は山口学校を尋常中学校とし、他の四校はその分校として、これらの経費は地方税から支出するが一部を教育会からも補助するというものであった。

これら各項目ごとに教育会の意見が述べられており、第三及び五項は「至便ニシテ可ナリ」として良とし、第四項は「至便ニシテ最モ可ナリ」として最良であるとしている。[29]各々の意見はかなりの長文であるが、第三及び四項に対する意見は注目に値する。

第三項に対しては、「県下ニ尋常中学校ノ設置ナキハ遺憾ナシトセズ往々生徒卒業後ノ資格ニ欠クル所アリ」[30]として、山口高等中学校予科卒業者の場合は尋常中学校卒業者と違って「資格」が得られないので、尋常中学校がないのは「遺憾」だとしている。ここに教育会内部の「中等教育観」の変質を見ることができる。今までは中等教育を高等教育に至る進学階梯としてしか捉えておらず、それだからこそあえて尋常中学校を作らずに五学校という進学のみを目的とした変則的な中等学校を作ったのであった。それに対し、ここでは正規の中等教育修了としての「資格」、即ち尋常中学校卒業という学歴が注目され始めていることが分かるのである。

第四項に対しては、教育会が最良案とする理由が六項目にわたって詳細に述べられている。まず一番目では、

尋常中学卒業生ノ資格ヲ得ルコト〇（ママ）高等中学予科ノ卒業生ハ尋常中学ノ卒業ニ比シテ学力ノ優等ナルコト勿論ナリト雖モ、資格上ニ取リテハ一ハ本科ニ対スル予備門ナルヲ以テ志願兵ノ一例ノ如ク名義上損失アリ

として、先の第三項に対する意見同様、「尋常中学卒業生ノ資格」が注目されている。[31] ここで重要なのは、尋常中学校卒業者と高等中学校予科卒業者とでは学力の点では後者の方が優っているとしながらも、「志願兵[32]」の例をあげながら、「名義上」は前者の方が有利だとしていることである。つまり、進学のための「学力」とは別に、正規の中等教育修了という学歴の価値も注目されるようになってきていたのである。単に進学階梯としての中等教育であるばかりでなく、中等教育修了後、実社会に出る者に対して「資格」を与えることも重要視され始めていたのである。[33] 尋常中学校発足後八年ほど経過した時期において、学校制度上ばかりでなく、「教育資格[34]」の面においても、尋常中学校は中等教育の正系の地位を確立しつつあったといえる。尋常中学校卒業という中等教育修了の学歴が、進学以外の面においても注目され始めていたのであり、学歴の面からも尋常中学校の存在意義は大きくなっていたといえるのである。

また、二番目では、現在の山口学校を尋常中学校に改組することによって新設せずにすむとしており、三番目では「他府県ニ比シテ尋常中学設置ナキ例ヲ見サルハ当県ニ中等教育ニ冷淡ナル嫌アルコト(35)」として、山口県に尋常中学校がないのは中等教育に対して「冷淡」な傾向があるからだとしている。さらに六番目では、尋常中学校卒業後ただちに山口高等中学校の本科に入ることができるとして、進学上も得策だとしている。

さて、以上のような方針を立てた教育会は、その具体化に向かって動きを始めていく。まず、原知事の上京を待って、明治二六年六月二九日に商議委員会（場所は東京築地の藤田組支店）が開かれ、五項目が決議された(36)。第一項には「文部省ヘ尋常中学校設立ノ延期ヲ請求アリシヲ同大丞ヨリ聞届ケ難キヲ以テ、本年度内ニ於テ其設立ノ計画アルヘキ旨山口県知事ヘ訓令アルヘキコトヲ取計フコト(37)」とあって、尋常中学校設立のために教育会が文部省工作を行うこととされている。この時期、文部省の強い指導を受けて、県当局はその対応に苦慮していた。前年の県会に尋常中学校新設費を計上しようとしたが果たせなかったため、一年の猶予を申請していたのである。このような状況下、教育会が、文部省（「大丞」とあるが、当時この役職は存在しなかったため、「大臣」の誤記ではないかと考えられる(38)）から知事に対して、明治二六年度内に尋常中学校新設計画を立てるよう指示させようとしているのである。この決議には原知事も加わっていたことから、第一項は県会対策であったと考えられる。つまり、県会内の県立尋常中学校設立反対派対策のため、文部省の「外圧」を利用しようとしているのである。このような驚くべき事例は他府県の場合は見られず、いくら長州閥が中央政界を牛耳っていた時期とはいえ、教育会は山口県内の問題のために文部省を動かすだけの力を持っていたのである。実際、第一項はそのまま実行に移されたものと考えられ、一年の猶予は「特別ニ聞置クトノコト(39)」になったが、「廿七年度ニ於テハ、其費用ヲ予算ニ編入シテ設立スヘキ筈(40)」となったのであった（ところが、明治二六年一〇月に県下を襲った大水害のため、特別にさらに一年猶予されている)。

また、第二項では商議委員の三浦梧楼(教育会幹事との兼任)が県下に赴き、県会対策のため有力者に尋常中学校設立の同意を事前に取りつけておくこと、第三項では在京在県の商議委員が協力すること、第四項では県内各新聞社の論調も教育会の方針支持に向かうように、マスコミ対策を取ること等が決められている。[41] さらに、第五項では教育会の方針実現に特に責任を負う人物として、吉富簡一[42]の名が挙げられている。これら第二〜五項も実行に移されたものと考えられる。

一方、教育会の意向を受けて県当局では、原知事が「尋常中学校設置ノ件ニ付御伺」(明治二六年九月一二日付[43])を井上毅文相に提出し、その中で「不得已予備校ノ内、山口中学《ママ》ヲ県立尋常中学校ニ引直シ度」と述べて、地方税による「県立尋常中学校」を設立する方針を述べている。

明治二六年一〇月の大水害によって再度一年の猶予が認められたものの、明治二八年度予算には是非とも新設費を盛り込まなければならない状況となっていた。そこで、明治二七年五月二〇日に商議委員会(場所は東京の富士見軒)が開かれた。[44] この時は五項目の議案が議決されたが、第一項には、

尋常中学校設立ノ件ハ客年六月廿九日ノ議決ニ依リ本会ヨリ原知事ニ対シ主トシテ協議ヲ試ミタレトモ、元来該校ノ設立ハ専ラ県知事ノ職務ニ属スルモノニシテ、本会之レカ主動者トナリ計画ヲ為スノ必要ナシト更ニ認定シタルヲ以テ、嗣後県知事ヨリ其設立方法ニ就キ本会ニ対シ何等請求ノ事アレハ其際更ニ委員会ヲ開ク事

とあって、それまでの教育会の方針が転換していることが分かる。[45] 従来は教育会が尋常中学校設立の動きの中心と

なっていたのが、今後は教育会ではなく県当局を中心として行わせ、教育会は県当局の諮問に答えるということになったのである。

これを受けて、原知事は尋常中学校設立に関する二つの方案を作って常置委員会に諮った。(46) 第一方案は、教育会が山口学校を尋常中学校に改組し、他の四校を分校として「諸学校通則」第一条によってこれらの管理を県に求めた場合は県立学校と同一に扱い、地方税から年額五、〇〇〇円を補助するというものであった。第二方案は、教育会設立の山口学校を県立尋常中学校に改組し、校舎・図書・その他の設備等は山口学校所有のものをそのまま使い、経費の一万五、六八〇余円の中で八、九二五円を地方税から支出し、その不足額の補充や校舎建築費等は教育会から支出するというものであった。つまり、尋常中学校の主たる財源を、前者は教育会に、後者は地方税に求めるという案であった。

明治二七年八月二五日、常置委員会は決議の結果、第一方案を良しとし（地方税の補助金額は決定を見ず）、教育会の考える地方税による設立という方針とは異なる決定になったため、原知事はすぐさま上京して商議委員と協議しようとしたが、多忙のためその暇がなかった。だが、県会の開会が間近に迫っていたので、尋常中学校設立案の成立が急がれていた。その折、海老名恕介県内務部第三課長（『忠愛公伝』第九編第三章第五節には「学務課長」とあるが、当時、この職名は存在せず、内務部第三課が学務を扱っていたため、ここでは県内務部第三課長とした）が公用のため明治二七年九月下旬に上京することになり、これに託して県当局の意見を教育会に具申させた。この時に原知事から教育会に宛てた具申書の案である「私立防長教育会長へ照会案」(47) では、県当局の方針が次のように述べられている。

本県ニ於テハ来ル明治廿八年四月ヨリ尋常中学校ノ設立ヲ要シ候處、従来貴会ニ於テ設立セラレタル山口萩豊浦徳山岩国ノ五学校ハ畧ホ尋常中学校ニ匹敵シ年々若干ノ経費ヲ支出セラレ候ニ付、之ヲ活用シテ中学校トナスハ啻ニ地方税経済上利便ヲ得ルノミナラス該件ニ関シテハ追々貴会ヨリ御照会之趣モ有之候ニ付テハ即チ貴会ノ希望ニモ適合候儀ト相信候条此方針ヲ以テ設立方案等ヲ定メントシ今般左記之通リ常置委員会へ及諮問候（中略）大体上第一方按ヲ執ルモノトスレハ（中略）貴会設立ニ係ル山口学校ヲ尋常中学校ノ制ニ改メ、萩豊浦徳山岩国ノ四校ヲ同校ノ分校トナシ、諸学校通則第一條ニ拠リ県知事ノ管理ニ属シ県立学校ト同一ニ認ムルコトニ致度、此儀御差支モ無之候ハヽ速ニ右管理ノ儀出願ノ手続相成候様致度

ここでは、まず、既存の五学校を尋常中学校に改組することが県財政上の観点から考えても得策であるばかりでなく、教育会の希望でもあるということを確認している。そのうえで、原知事は常置委員会の意見、即ち第一方案をそのまま県の方針として教育会に具申したのであった。前年の九月には教育会の意向を受けて県立尋常中学校を設立する旨の「尋常中学校設置ノ件ニ付御伺」を井上毅文相に提出したはずの原知事が、今度は県会の意見をそのまま採用して、先の「伺」とは全く異なる内容を教育会に具申している。このような原知事の態度から、文部省の強い指導を受ける一方、教育会と県会という二大勢力に挟まれて右往左往する県当局の様子が見て取れる。そして、原知事は商議委員の白根専一に書簡を送ってこの間の事情を告げている。[48]

また、岡田良平山口高等中学校長（五学校総長を兼任）も柏村信教育会幹事（毛利公爵家家令、商議委員兼任）に書簡を送って海老名課長の上京を伝えるとともに、県当局の案の要点を八項目にわたって述べている。[49] 第一項には「山口高等中学校予科及山口学校ヲ併セ尋常中学校ト為シ、萩其他ノ三校ハ中学校分校ト為ス事[50]」とあり、第二項

では「教育会ヲ設立者ト定メ諸学校通則一條ニヨリ県立ト為シ地方税之補助ヲ仰ク事」[51]とあって、県当局の方針が確認されている。

明治二七年一〇月五日、海老名課長を迎えて商議委員会（場所は井上馨内相官邸）が開かれ、同課長が持参した「照会書」について審議した結果、三大方針が決定された。[52]第一に、教育会は山口高等学校（明治二七年九月に山口高等中学校が改組した直後）の完成を目的とし、尋常中学校の設立に関しては主担者とはならないというものであった。つまり、地方税による尋常中学校の設立を強く求めており、県当局の案とは対立することとなった。第二に、尋常中学校の経費に対して、教育会がその財政状況に応じて寄付するというものであり、第三に、萩ほか三校は今まで通り教育会の経営とするというものであった。

続いて一〇月一一日にも商議委員会が開かれ（場所は東京の富士見軒[53]）、毛利元徳教育会長から原知事宛の尋常中学校管理願の案である「私立防長教育会長願書案尋常中学校管理ノ件ニ付願[54]」が決議された。これには、

> 来ル明治廿八年四月ヨリ御県ニ於テ尋常中学校設立之件ニ関シ今回本会ヘ御指示之趣モ有之候ニ付、右御主旨ニ従ヒ、是迄本会ニ於テ設立シタル山口萩豊浦徳山岩国五学校ノ内山口学校ヲ尋常中学校、其他ノ四学校ヲ同校分校ノ制ニ改メ、明治十九年勅令第十六号諸学校通則ニ拠リ貴官ノ管理ニ属シ県立学校ト同一ニ認メラレ

とあって、わずか一週間で教育会の尋常中学校設立案が大きく変化してしまったことが分かる。[55]今までは、地方税による尋常中学校の設立を求めていたものが、尋常中学校及び四分校を「諸学校通則」第一条による県の管理学校として教育会が設立するということに変化しているのである。「今回本会ヘ御指示之趣モ有之候ニ付、右御主旨ニ

えられる。

従ヒ」とあることから、県当局から教育会に対して強く働きかけた結果、このように大きく変化したものと考えられる。常置委員会の意見をそのまま採用したほどの県当局は、教育会の主張する地方税による設立案では県会を乗り切ることが極めて難しいと考え、原知事の意を受けて上京中の海老名課長が教育会に再考を強く迫ったものと考えられる。

一方、教育会の方としても、早急に尋常中学校の設立を必要としていた。なぜならば、教育会内部で尋常中学校卒業という学歴の価値が注目され始めていただけでなく、「高等学校令」の公布（明治二七年六月）によって、予科がなくなったうえ、尋常中学校が高等学校への唯一の連絡学校となったことによって、尋常中学校の存在は不可欠のものとなったからである。そこで、従来の案を大きく変更してでも県当局に妥協することになったものと考えられる。つまり、教育会としては、今まで以上の多額の経済的負担を覚悟してでも、あえて尋常中学校の設立を求める理由が存在したのである。

ところが、この日の商議委員会では、「私立防長教育会長願書案尋常中学校管理ノ件ニ付願」とは全く異なる内容である「尋常中学校ヲ地方税ニテ設立スルモノト決定セシ上ハ左ノ件々定置度事[56]」も決議されている。これは「地方税」によって尋常中学校を設立するにあたって、教育会が県当局と契約を希望する事項を四項目にわたって述べたものである。まず、第一項は、山口学校の校地・建物・書籍・器械等の物品はすべて尋常中学校の所有とし、同校が移転・廃校のため、全部または一部が不要になった時は教育会に返付する契約を決めておきたいというものであった。第二項には、「萩豊浦徳山岩国ノ四学校ハ是迄ノ通私立ニ据置クカ又ハ諸学校通則ニ據リ県知事ノ管理ニ属シ県立ト同一ニ認メ尋常中学校ノ分校ニ改ムルカノ二点ヲ決セラレ度事[57]」とあって、山口以外の四学校を今まで通り教育会経営の私立とするか、あるいは「諸学校通則」第一条によって教育会経営・県管理の尋常中学校分校とするかのいずれかを決めて欲しいというものであった。第三項には、「四学校ヲ私立ニ据置クモノトスルモ尋常中学校ト常ニ相連絡セサルトキハ生徒ノ不幸ヲ見ルコトモアラン此連絡ノ要件ヲ定メ置クヲ要スル事[58]」とあって、もし、四学校を私立のままにした場合、尋常中学校との連絡のための条件を定めておくことが必要だというものであった。第四項は、従来、五学校の一学年に入学するためには尋常小学校卒業だけでは学力不足だったので、予科一学年を加えて予科を二学年とし（五学校は四年制のため、これに予科一学年を加えれば五年制となり、尋常中学校三学年以下及び予科二〜一学年に移行できる）、尋常小学校卒業生を入学させる計画だが、山口以外の四学校はこの計画を実行できるか決めておく必要があるというものであった。

以上の内容から分かるように、同じ日の商議委員会で決議されたはずの「尋常中学校管理ノ件ニ付願」と「左ノ件々定置度事」とでは尋常中学校の設置形態が全く異なっている。前者は教育会経営・県管理の尋常中学校及び四分校を設立するというものであり、後者は地方税による尋常中学校を設立するというものであって、前回（一〇月五日）の商議委員会の決定方針に戻っている。

ではなぜ、一〇月一一日の商議委員会では、このような全く相反する内容の二つの決議がなされたのであろうか。その理由としては、この日の商議委員会は長時間にわたって紛糾したため、最初の決議がしばらくしてから覆り、最終的には地方税による尋常中学校設立ということに決したのではないかと考えられる。つまり、県当局の強い働きかけもあって一旦は県当局の案に妥協したが、やはり教育会内部の反対が根強く、結局は元の案に戻ったと考えられるのである。教育会の最終結論が「尋常中学校ヲ地方税ニテ設立スルモノト決定」したことを受けて、上京中の海老名課長は一〇月一二日、「左ノ件々定置度事」を携えて帰県した。[59] それに続いて、一〇月二一日、教育会幹事の柏村が県下に赴くため東京を出発している（同月二六日三田尻着[60]）。

第三節　防長教育会と県会の交渉

海老名課長の帰県を受けて、県当局は地方税による尋常中学校新設案を作成し、それを県会に上程した。明治二七年通常県会は一一月一五日に開会し、翌一六日に吉田醇一書記官から尋常中学校新設案（山口県尋常中学校費一万五四三円八二銭）の提案理由説明があった後、一七日から教育費の第一読会に入った。冒頭、海老名課長から尋常中学校費の概要説明があった後、数名の議員から尋常中学校に予科を設置することの理由説明を求める発言や尋常中学校の予科と高等小学校との違いについての質問があった。この後、西田政介議員（厚狭郡）が、

今日私立防長教育会ナルモノハ元来旧藩主及県民ノ寄付金等ヨリ成リシモノニシテ各学校ノ如キモ全ク県立ナルヤノ感アリ。従来斯ル行掛リアルニヨリ今日地方税ヲ以テ設立スルニ付テハ教育会ヨリ寄附等ノ申出テ等モアリヤ。当局者其辺ニ就キ往復セラレシコトハナキヤ

と述べ、教育会創設にあたっては県民有志等から寄付があったことをあげながら、尋常中学校設立に際しての教育会の態度について説明を求めた。(61)これに対して海老名課長は、

私立ニシテ旧藩主及県民有志者ノ寄附金ヨリ成リシ会ナレトモ、思フニ教育会ハ其自分ノ資力何分ニモ充分ナラスシテ特ニ近来ハ時世ノ変遷ヨリシテ利足ノ歩合モ是迄ノ如ク充分ナラス。然ルニ一方ニ於テハ学校ハ益拡

張ヲ要シ又高等学校ト変セシニ於テハ学校編制ノ上ニ於テ更ニ多数ノ費用ヲ要シ何レモ完全ノモノトセンニハ到底其費用ニ堪ヘ難ク何レノ学校モ不完全ノモノトナル故ニ教育会ハ不得已一校ヲ廃セサルヲ得サルニ到ル次第ナリ。而シテ地方税ヲ以テ設立ニ付キ寄附金等ノ申合又ハ約束等ハ更ニナシ。而シテ高等学校ノ外萩外三学校ハ維持スルノ見込ナル由是ハ番外ノ聞及フ所ナリ

と述べて、教育会の苦しい財政状況のため、地方税によって尋常中学校を設立することになった事情を説明した。[62]さらに、尋常中学校設立にあたって教育会から寄付の約束はないことや、山口高等学校及び萩ほかの三校は今まで通り教育会が経営する予定であることも述べた。

この海老名答弁に対してなおも西田は、

尋常中学校ノ設立モ最早延期聞届ラレス。若シ明年度設立スルコト能ハサルトキハ教育会ハ山口学校ヲ廃スルノ積リナルヘキヤ。既ニ県民ヨリハ数万ノ寄附金ヲモ為シ私立ナレトモ県立ノ感ヲナセルニ是ヲ廃止セラル、ハ県民ニ於テ甚不快ノ感ヲ生スヘシ当局者別ニ其辺ノ商議ニテモセラレシコトアリヤ

と述べ、教育会の態度に不満を表明している。[63]これに対して海老名課長は、

目下ノ現況ニテハ何レノ学校モ維持スルコトハ出来スシテ何レカ廃止セサルヲ得ス。又各学校ヲ維持セントスレハ各学校共不完全ノモノトナル。乍併地方税ニ於テ尋常中学校ヲ設立スレハ無論他ノ四学校ハ教育会ニ於テ

維持スヘク自然中学校ノ分校ノ姿トナリテ先ツ何レモ完全スヘク（中略）旧藩主及県民ニ於テモ此各学校ニ付テ素ヨリ厚薄ノ意志ナカルヘク教育会ニ於テモ廃スルヲ好マサルヘケレトモ如何セン広ク手ノ行届兼タルニヨリ如斯次第トナル

と答えて、地方税によって尋常中学校を設立せざるを得ない状況の説明を繰り返すにとどまった[64]。

西田発言に代表されるように、地方税によって尋常中学校を設立することに対しては、県会内には大きな抵抗があったようで、山口に滞在中の柏村教育会幹事から商議委員会宛に提出された「議案」からもそのことが分かる。明治二七年一一月二六日の商議委員会（場所は野村靖内相官邸、野村は幹事兼商議委員）では、柏村提出の「議案」が審議されたが、これによれば、

尋常中学校設立ノ件ニ付テハ文部省令ニ依リ来ル廿八年度四月ヨリ開校セサルヘカラサル處、頃日山口県々会開議中右ノ議題ニ移リ知事ハ其設立セサルヘカラサル理由等懇諭スル所アリト雖モ、県会ハ先年高等中学校創立ノ際地方有志者ヨリ相当ノ寄附ヲ為シタル成行ヨリ推考シテモ此際教育会ニ於テ何トカ處分モ可有之、此上教育ノ負担ハ迷惑ニ付延期ヲ願フヘク云々種々ノ議論ヲ惹起シタリ

とあって、県会内に強い不満が存在する様子が語られている[65]。山口高等中学校設立の際、県内の有志から教育会に対して寄付があったことを根拠として、今回は教育会が処理すべきだとしているのである。県会内では「今回是非共県ノ義務トシテ設立スルコトトナリタルハ是レ素ヨリ当然ナルヘケレトモ[66]」との発言もなされているように、議

員たちも尋常中学校が必要であることは十分認識しており、設立することは当然だとする見方が大勢を占めていた。ただ、それを地方税支出によることには大きな不満が存在したのである。このような県会内の不満に対処するため、柏村はさらに続けて次のように述べている。[67]

然リト雖モ教育会経済上ノ許サヽル限リハ地方ノ負担ニ帰スルノ外無之、併シナカラ其カ為メ教育会ト県会トノ間ニ感情ヲ害スル如キ結果ヲ顕ハシテハ将来ノ得策ニ有間敷ト思考シ、一二県官議員ト会合シ協議ノ末終ニ本会ヨリ壱千五百円以内ノ金額ヲ寄附シテ之レカ円滑ヲ謀リ、然シテ尚ホ県会ニ於テ基金額ノ多少ヲ論シ増額ヲ請求スル等ノ議起ルニ至ラハ断然拒絶スヘシト、其趣ヲ知事ニ具申セシ處、左スレハ内会ヲ開キ其意ヲ含ンテ談スル所アルヘクトノ答ヲ得タレハ前陳金額支出ノ協議ヲ遂ケラレ会長裁可ヲ得テ至急回報アランコトヲ望ム

ここでは、尋常中学校設立問題で教育会と県会との間に感情の対立が起きては将来のためにはならないと考え、志賀平藏県参事官及び吉富簡一商議委員と協議の結果、初年度（明治二八年度）に限って一、五〇〇円以内の寄付金を支出するということに決めた事情を説明し、教育会の審議と会長の決裁を求めている。つまり、現状のままでは県会を乗り切ることが難しいと判断した柏村が考えた妥協策であった。

この日の商議委員会では、「本会ハ経済上ノ都合ニ依リ該校設立ノ初年度ニ限リ特ニ金壱千五百円以内ヲ寄付シテ之カ補助ニ充ツヘシ[68]」と決議し、その結果を翌二七日、電報で山口滞在中の柏村に伝えている。商議委員会の決定を受け、教育会から原知事に対して「尋常中学校経費寄付願[69]」が提出され、一、五〇〇円の寄付金支出が決定し

た。これ以降、教育会に対する議員たちの不満は幾分かは和らいだと見え、県会ではこれといった反対も出ず審議はスムーズに運び、明治二七年一一月二九日の教育費第三読会において尋常中学校新設費（修正の結果、九、四六〇円八四銭七厘）が成立した。(70)

尋常中学校設立が決定したことを受けて、県会閉会後、岡田五学校総長から教育会に対して、山口以外の四学校の処分について決裁を仰ぐ書簡（明治二七年一二月二一日付）が送られている。それによれば、

今般山口県尋常中学校設立ノ儀確定候ニ付萩豊浦徳山岩国ノ四学校モ学科ヲ改正シ尋常中学三学年以下并ニ予科一年ヲ設置シ諸学校通則第一條ニ依リ尋常中学校分校トシテ県知事ノ管理ヲ受ケ候様致度（中略）防長教育会補助金ハ金弐百円宛ヲ増加シ一校金千六百円ト致度

とあって、四学校には尋常中学校の三学年以下及び予科一学年を置き、「諸学校通則」第一条によって県管理の尋常中学校分校とすること、教育会の四学校に対する補助金を増額して各校一、六〇〇円とすること、授業料は士族・平民ともに一人毎月六〇銭とすること等の要望が盛り込まれていた。(71) これら要望に対して、明治二八年二月二二日に商議委員会（場所は東京の富士見軒）が開かれ、四学校の学年編成及び補助金については要望通りに決議された。(72)

したがって、山口に置かれる県立尋常中学校本校及び教育会経営・県管理の萩・豊浦・徳山・岩国の四分校が明治二八年四月から開校する運びとなったのである。

ところが、その後、県当局の方針が一変して、四学校の県管理は当分見合わせることとなった。これは、尋常中学校本校はともかく、四分校までも県の管理とすることに対して、県会議員たちから再び反発の声が上がったため

ではないかと考えられる。事態急変を受けて、明治二八年三月一〇日の商議委員会（場所は野村内相官邸）で対応策が審議された結果、毛利教育会長から岡田五学校総長宛に書簡（明治二八年三月一一日付）が送られてきた。[73] その中で、教育会から四学校に各々一、六〇〇円の補助金を支出すること、学年編成は尋常中学校三学年以下及び予科一学年とすること等が改めて確認されたのであった。そして、同書簡の末尾には、「追而四学校県庁ノ管理ト為ス件ハ評議ノ上当分従前之通差置候趣ニ云々致承知候也」[74] として、商議委員会の審議の結果、四学校は当分の間、今まで通り教育会の経営とする旨が書き加えられていた。ここに至って、ようやく尋常中学校設立問題は決着を見ることとなり、山口に県立尋常中学校本校を設立し、それに教育会経営の萩・豊浦・徳山・岩国の四学校を付属することとなったのである。

明治二八年三月末を以て山口学校は廃止され、これを改組して四月一日、県立の山口県尋常中学校が開校した。改組にあたっての生徒の移行措置としては、山口学校の四・三・二学年を各々尋常中学校の三・二・一学年に移行させ、山口学校の一学年は七月まで予科として存続し、九月に入って尋常中学校の一学年に進級させることとした。[75] さらに、山口高等中学校が山口高等学校に改組の際、予科を旧高等中学予科として存置していたが、この二・一学年を各々尋常中学校の五・四学年に移行したため、当初から全学年揃う形で開校したのである。[76] また、四学校は尋常中学校三学年以下及び予科一学年から構成されていたが、進学上の問題があったので、[77] 明治三〇年九月、すべて山口県尋常中学校の分校（県立・三年制）となった。この後、明治三二年には萩・豊浦分校が、三三年には徳山・岩国分校が独立した。

第四節　尋常中学校設立が意味するもの

以上の検討の結果、次のことが分かった。

まず第一に、尋常中学校設立の動きの中心となったのは、教育会だったということである。かつて五学校設立に際しては、県当局が教育会の意見を聞いたり、同会顧問の井上馨外相の指示を受けながらも中心的役割を果たしていた。(78)だが、今回は教育会が主導権を握り、その意向を受けて県当局が文部省や県会との交渉にあたっていた。これは教育会が県下の中等教育振興のための組織であっただけでなく、具体的活動として五学校を経営していたためであった。当時にあって、教育会抜きには山口県の中等教育は存立しえなかったのであり、さまざまな紆余曲折はあったにせよ、結局は同会の意向がほぼ通ったのであった。

第二に、教育会内部、具体的には同会幹部たちの「中等教育観」が五学校設立の頃と比べて変質してきていたことである。教育会が山口高等中学校のみならず、予備門五学校までも多大の経費負担によって経営してきたのにはもちろん訳があった。それは五学校が尋常小学校から帝国大学に至る進学上、必要不可欠だったからである。つまり、初等教育と高等教育とをつなぐ進学階梯として中等教育を捉えていたのである。ところが、尋常中学校の設立が問題化した明治二〇年代中頃になると、同会内部の「中等教育観」が変質し始めていた。尋常中学校については、進学階梯としての存在意義ばかりでなく、その卒業という学歴の価値についても注目され始めていたのである。確かに、教育会が尋常中学校の設立を決意したことの前提には、文部省の強い指導や同会の財政問題、そして「高等学校令」の影響等が存在していたが、同会内部の「中等教育観」の変質も見逃してはならない。他県の場合、文部省の圧力に県会内の反対勢力が屈するという形で尋常中学校の設立が実現する例が多かったが、山口県では設立の動きを促進する別の勢力も存在したのである。

第三に、山口県尋常中学校の設立は、他に例を見ない山口県独自の進学体系の終焉を意味しているということである。明治初年以来、独自路線によって営々と守り続けられてきた山口県の進学教育は、文部省の中学校政策という波に呑み込まれることとなったのである。明治一九年の「中学校令」公布の際にもあえて尋常中学校を作らず、それ以降一〇年近くの間、五学校によって進学教育を行ってきたのだが、ここに至って遂に全国的な教育階梯に組み込まれてしまったのである。したがって、山口県尋常中学校の設立は、一元的中学校制度の全国展開という文部省の目的がほぼ達成されたことも意味しているといえよう。ただ、独自の進学教育を守り続けてきたはずの教育会が、それまでの努力を否定することになる尋常中学校の設立を促進する役割を担ったことは、誠に皮肉な結末であった。教育会としては、山口県から帝国大学に人材を送出するという目的は維持しつつも、尋常中学校卒業という学歴を山口県の子弟に与えることも迫られていたのであった。このため、進学と学歴の付与という両方の目的を達成できる尋常中学校の設立に向かったのであり、全国的教育階梯の下での新しい進学教育を志向することとなったのである。それとともに、「山口県が実に二七年に至るまで、その独自の教育制度を維持しえたということ自体、まさに驚くべき事実[79]」であって、結末はともかく、この事実自体が山口県の進学教育の特質を物語っているといえよう。

注

（1）代表的な先行研究としては、新谷恭明「福岡県における尋常中学校の設立について――中学校令に対する地方の対応」（『九州大学教育学部紀要（教育学部門）』第二九集別冊、一九八四）、荒井明夫「『森文政期』における地域の中学校観についての一考察――群馬県を事例として――」（『東京大学教育学部教育哲学・教育史研究室紀要』第一六号、一九九〇）、同「一八八六（明治一九）年中学校令と各府県の対応」（『大東文化大学紀要』第三一号〈社会科学〉、一九九三）等がある。

（2）例えば、埼玉県に関しては『埼玉県教育史』第四巻（埼玉県教育委員会、一九七一）において、また、神奈川県に関しては『神奈川県教育史』通史編上巻（神奈川県教育委員会、一九七八）において触れられている。

（3）神辺靖光『教育制度等の研究（その八）――明治後期における私立中学校の設置――』日本私学教育研究所、一九七九、五頁。

（4）同前、五～六頁。

（5）拙稿「山口高等中学校予備門五学校の成立」（『日本の教育史学』第四八集、教育史学会、二〇〇五）及び本書第四章。

（6）『教育制度等の研究（その八）――明治後期における私立中学校の設置――』五頁。

（7）櫻井役『中学教育史稿』受験研究社増進堂、一九四二、二六五、三〇九頁。

（8）『教育制度等の研究（その八）――明治後期における私立中学校の設置――』九頁。

（9）『埼玉県教育史』第四巻、一〇三～一〇四頁。

（10）『神奈川県教育史』通史編上巻（九七八～九八一頁）、『学校の歴史　第三巻　中学校・高等学校の歴史』（第一法規、一九七九、四〇～四一頁）。

（11）『山口県教育史』下巻、山口県教育会、一九二五、復刻版第一書房、一九八二、三一一頁。

（12）『明治廿七年通常会　山口県会議事録』第一号、山口県文書館蔵。

（13）同前。

（14）同前。

（15）明治二六年一〇月一四日から数日間、県下を襲った大暴風雨・大洪水を指すと考えられる（『山口県災異誌』山口県、一九五三、三一一頁）。

（16）『明治廿七年通常会　山口県会議事録』第一号。

（17）『防長教育会百年史』（防長教育会、一九八四、六一～六二頁）、『山口高等商業学校沿革史』（山口高等商業学校、一九四〇、一八九～一九〇頁）、「防長教育会記録」（「忠愛公伝」第九編第三章第五節参考資料）。毛利元徳の伝記稿本史料である「忠愛公伝」（山口県文書館蔵）には、防長教育会の会議記録や関係文書等が収載されている。

（18）「防長教育会記録」山口県文書館蔵。

（19）同前。

（20）同前。

(21)『山口高等商業学校沿革史』三二六頁。
(22)『明治廿七年通常会　山口県会議事録』第一号。
(23)「防長教育会記録」。
(24)同前。
(25)同前。
(26)同前。
(27)「中学教育ニ付地方税支出ノ方案」(「忠愛公伝」第九編第三章第五節参考史料)。
(28)同前。
(29)同前。
(30)同前。
(31)同前。
(32)「志願兵」とは、明治一六年の「徴兵令」改正で創始され、二二年の改正によって確立した「一年志願兵」制度のことを指すと考えられる。明治一六年の「徴兵令」改正によって、官立府県立学校の卒業者で服役中食料被服などの費用を自弁する者は陸軍の現役服役を一年(本来は三年)に短縮するという高学歴者優遇制度が始まり、二二年の改正で文部大臣の認定する市町村立・私立学校の卒業者も対象となった。『教育制度等の研究(その八)――明治後期における私立中学校の設置――』(三五～四六頁)、天野郁夫『学歴の社会史』(新潮社、一九九二、一二六～一二八頁)、松下芳男『徴兵令制定史』(五月書房、一九八一、五四〇～五四八頁)による。この制度は尋常中学校の卒業者には適用されたが、山口高等中学校予科の卒業者には適用されなかったと考えられ、そのためにこのような意見が述べられたと考えられる。
(33)「忠愛公伝」第九編第三章第五節では、教育会が尋常中学校設立を決意した理由を二つあげている。それによれば、教育会の経費節減をはかるとともに、「高等中学校に予科の設あれども、尋常中学校なければこの学歴程度で業を卒ふる者に対してその資格を与へんが為なり」として、尋常中学校卒業という学歴を与えるためであったとしている。
(34)『学歴の社会史』(二一～二二頁)によれば、外山正一は山口県人と教育の問題を扱った『藩閥之将来』(博文館、一八九九)の中で、学歴のことをこのように呼んでいた。
(35)「中学教育ニ付地方税支出ノ方案」。
(36)「防長教育会記録」。
(37)同前。
(38)『法規分類大全』第一六巻官職門官制文部省、内閣記録局、一八九一、復刻版原書房、一九七八、六～一二、四〇～四四頁。なお、当時は井上毅文相であった。
(39)『明治廿七年通常会　山口県会議事録』第一号。
(40)同前。
(41)「防長教育会記録」。
(42)吉富は吉敷郡の豪農出身で、幕末期は討幕運動で活躍し、明治初年、一時期大蔵省に勤務したのち帰郷し、明治一二〜二三年にかけて初代県会議長を、二三年からは三期にわたって衆議院議員を務めた。また、商議委員としても活躍する等、県内有力者の中心人物であった(『吉富簡一履歴』防長新聞出版社、一九〇八)。
(43)『山口県教育史』下巻、三一一〜三一二頁。
(44)「防長教育会記録」。
(45)同前。
(46)「忠愛公伝」第九編第三章第五節、『山口県会史』下巻(山口県、一九二七、八六六頁)。
(47)「忠愛公伝」第九編第三章第五節参考史料。日付は不明だが、明治二七年九月と考えられる。
(48)「忠愛公伝」第九編第三章第五節。
(49)同前。
(50)「忠愛公伝」第九編第三章第五節参考史料。
(51)同前。
(52)「忠愛公伝」第九編第三章第五節及び同参考史料。
(53)「忠愛公伝」第九編第三章第五節。
(54)「忠愛公伝」第九編第三章第五節参考史料。この「願」の日付は不明だが、おそらく一〇月一一日の商議委員会の直前に書かれたものと考えられる。
(55)「忠愛公伝」第九編第三章第五節参考史料。
(56)同前。
(57)同前。
(58)同前。
(59)「忠愛公伝」第九編第三章第五節及び同参考史料。
(60)同前。
(61)『明治廿七年通常会　山口県会議事録』第三号、山口県文書館蔵。

(62) 同前。
(63)『明治廿七年通常会　山口県会議事録』第三号。
(64) 同前。
(65)「防長教育会記録」。
(66) 一二月一七日の西田発言（『明治廿七年通常会　山口県会議事録』第三号）。
(67)「防長教育会記録」。
(68) 同前。
(69) 同前。
(70)『明治廿七年通常会　山口県会議事録』第二〇号、山口県文書館蔵。
(71)「忠愛公伝」第九編第三章第五節参考史料。
(72)「防長教育会記録」。
(73) 同前。
(74) 同前。
(75)『山口県尋常中学校一覧　明治二十九年十二月調』山口県文書館蔵。
(76) 同前。
(77) 明治二九年六月一九日の商議委員会（場所は毛利邸）において、「山口県知事ヨリ提出ニ係ル私立萩豊浦徳山岩国ノ四学校ハ現今ノ侭ニテハ山口高等学校ノ学科ト連絡ヲ得ス、進学子弟ノ為メ大ニ不便ナレハ、右四校ヲ県立尋常中学校ノ分校ニ改ムル意見書ニ答フル件」が審議されている（「忠愛公伝」第九編第三章第五節参考史料）。
(78) 本書第四章を参照。
(79) 海原徹「山口県の中等教育」（本山幸彦編著『明治前期学校成立史』臨川書店、初版一九六五、復刻版一九九〇）。

終章

終章では、まず、山口県における進学教育形成の特質を総括してみたい。これらの特質は、近代日本における進学教育形成の特質の一端を物語っているからである。さらに、近代日本教育史の中で、山口県の進学教育が有する歴史的意義についても明らかにする。

一　山口県における進学教育形成の特質

これまでの検討の結果、山口県における進学教育の形成に関して、次のことが明らかになった。

第一に、中等教育とは中央の高等教育機関への進学を目指す教育として認識されており、特に、明治一九年三月公布の「帝国大学令」によって国家の最高学府としての帝国大学が登場してからは、帝国大学進学を目指す教育として捉えられていたということである。なぜ、帝国大学進学にこだわったのかといえば、山口県から中央への人材吸収の論理、即ち政府内の長州閥による後継者養成の論理によって支えられていたためであった。長州閥の構成員たちは、郷里の子弟が帝国大学を経て政府に入ることによって、自らの後継者となることを期待したのであった。

近代日本の教育の中で、初等教育は国民教育の観点から、高等教育は国家のエリート養成の観点から、各々重視され、まずこの両者から進展していった。だが、中等教育は当初、その教育理念すらも明確ではなく、文部省も不干渉の方針を取っていたため、しばらくの間、「人民自為」[1]の状態に放置されていた。その結果、明治一〇年代末までは、実に多種多様な中等教育が全国各地で展開していた。このような中にあって、山口県にとっての中等教育とは、高等教育機関への進学を目的とした教育のことを意味しており、教育階梯の重要部分として初等教育とともに重視されたのであった。つまり、中等教育の理念を当初から進学教育ということで明確化し、それに添った中等教育を構想・実践していたといえる。県当局や県会議員、あるいは旧藩主毛利家や県出身政府要人といった長州閥の構成員が中等教育の発展に尽力したのは、県出身子弟を中央の高等教育機関に送出するという進学教育の役割を期待していたからであり、地域の指導者養成や文化興隆のための教育というようなスケールのものではなかったのである。

第二に、山口高等中学校及び五学校という、他に例を見ない進学体系を形成することができた理由として、次のことがあげられる。それは、政府内の長州閥の間で発生した後継者養成の動きと、県内で発生した高等教育機関への人材送出の動きとが、防長教育会の創設によって結びつき、一本化されたからであった。両者のうち、どちらか一方だけでは進学体系の形成は難しかったと考えられる。

明治三年一一月、山口藩が藩校山口・萩明倫館を中学と改称して大学への進学階梯として位置づけたのは、「大学規則」や「中小学規則」を受けての措置ではあったが、実際にそれ以降の山口県の中等教育を進学教育化する役割を果たしていたのは、士族に対する教育授産事業であった。そればかりでなく、当時の山口県は政府要人を輩出するなど政治的に特殊な立場にあり、長州閥の後継人材を確保するための人材吸収ルートも必要とされていた。このような二つの理由から、進学教育が特に重視されたのであり、その成果をあげることが急務とされていたため、あえて文部省の示す教育階梯には従わなかったものと考えられる。帝国大学に山口県の子弟を進学させることが県全体の事業として行われていたのであり、その事業が他府県には見られないような大々的な形で実現できた背景には、長州閥の存在が大きかったことはいうまでもない。

第三に、山口高等中学校及び五学校からなる進学体系では、帝国大学進学という目的によって、制度及び教育内容の両面ともに大きく影響されていたということである。

制度面では、いかに時間的無駄なく最短期間で帝国大学に進学させるかという「効率」が重要な課題とされており、「効率良く」帝国大学に進学させることが目的とされていた。近代日本においては、緊急の国家的要請から、初等教育と高等教育はともに重視され、当初から並行的に発展したが、その間に挟まれた中等教育の発展は両者に比べてかなり遅れた。元来、日本には中学という教育制度上の概念が存在しなかったことがその根本原因であった。このため、初等、中等、高等教育というアーティキュレーションが成立するのは、明治一九年の「小学校令」、「中学校令」、「帝国大学令」の公布を待たなければならなかった。

だが、アーティキュレーションが成立したとはいっても、それが十分に機能し始めるまでにはさらに年月がかかり、「国民全体に開いた小学校と、ごく少数の者だけに高い水準の教育を施す帝国大学とが実質的に接続したのは一八九〇年代の後半であった[2]」との指摘からも分かるように、明治二〇年代末～三〇年代初めに至ってようやく機能し始めたのであった。五学校が存在した明治二〇年代は、まだ全国的なアーティキュレーションが成立した直後であり、帝国大学進学のためには規定の期間よりもはるかに余分な年月がかかるなど十分に機能していなかった。それに対し、教育制度的には高等小学校一～二学年と尋常中学校一～二学年に相当する五学校は、高等小学校から尋常中学校への間、あるいは尋常中学校から高等中学校への間に生じる時間的無駄を省くための制度的工夫が凝らされた中等学校であり、最短期間で帝国大学に進学させるためには必要不可欠の存在だったのである。

また、教育活動面では、山口高等中学校予科進学という当面の目的のために様々な特色が見られた。例えば、学科はすべて普通学科からなっていたが、尋常中学校よりもさらに英語・数学・国語及漢文の三学科を重視するなど、進学中心の教育を行う一方、尋常小学校と直接に連絡していたために唱歌や習字といった学科も尋常中学校と比べて重視していた。授業用図書も適宜、高等小学校用と尋常中学校用を上手に使い分けるなどの工夫をしており、授業内容や教授法や試験については、山口高等中学校から詳細な指示や監督を受けていた。

教育成果の面では、六一名の山口県子弟を帝国大学に進学させるという成果をあげていた。だが、構想された通りに「効率良く」帝国大学に進学させることはできなかった。五学校への入学者が、尋常小学校から直接ではなく、高等小学校からの者がほとんどを占めていたため、結果的には必ずしも「効率が良い」とはいえない実態だったのである。また、五学校は安易に山口高等中学校に進学できるような学校ではなく、その内部において厳しい学力的淘汰が行われて進学資格者が選別されていた。

このように、山口県の進学体系は、制度面は勿論、すべての教育活動が帝国大学進学のために存在していたのであり、教育成果は、即ち帝国大学への進学成果を意味していたのであった。

第四に、山口県の進学教育は、直接的には山口県の子弟（主対象は士族子弟）の社会的上昇を図るため、間接的には山口県という地域や国家の発展に貢献する人材の養成を目的としていたということである。これは山口県の進学教育が、士族に対する教育授産や政府内の長州閥による後継者養成を理由として始まったことと大きな関係があるが、後に至るまでこのような「人材養成観」が底流には存在していたと考えられる。実際の教育活動面では没個性的な点数中心主義が横行していたが、地域や国家の将来を背負う有為な人材を育成することが究極的には目指されていたのであった。この点からすると、高邁な目的を掲げつつ、その達成手段として進学教育が行われていたといえる。したがって、帝国大学に進学させることを以て教育目的が達成されるのではなく、五学校から山口高等中学校を経て帝国大学に学んだ人材が地域や国家の繁栄に貢献するようになってこそ初めて目的が完遂されたといえるのである。

特に、山口県の進学教育では、長州閥の後継者たるにふさわしい「国家的人材」が理想とされ、そのような人材を養成することが重要な目的とされていた。例えば、長州人自らが藩閥の問題を論じた「藩閥の精神[3]」では、

一事を以て一閥の人に限り国家の大権は必ず其郷人をして当らしめんと務むるか如きは其望む所にあらざるのみならず凡そ此の如きは国家を私するの甚しきものと云はざるべからず（中略）吾人か望む所は斯の如き偏癖なる私心を挟むものにあらずして郷に人材を出して国家の人とならしめんとする公平汎博の精神に外ならざれば其人を成さんとするや啻々其力を養ひ其能を得せしめ以て国家の需求に応ずべき堂々偉大の人材を生出せしめんとするにある

とあるように、まさに、「郷に人材を出して国家の人とならしめんとする」ことが進学教育の究極目的であったと考えられるのである。山口県では中学創設当初からその発展に多大の努力が払われてきたが、その根本的理由は「国家の需求に応ずべき堂々偉大の人材」を養成するためであったと考えられる。ここでいう「国家の需求に応ずべき堂々偉大の人材」とは、単に国家に忠誠を尽くすといった国家主義的人材のことではなく、新生明治日本の指導者層のことを指していたと考えられる。維新勢力の中心となって国家の中枢に人材を輩出したという自負が、このような形となって現出したものであろう。山口県の進学教育には確固とした養成すべき人材像があり、その理想像に向かって人材を淘汰し、選別する作用を進学教育が果たしていたことが分かるのである。

近代日本教育史上、異彩を放つ山口県の進学教育であるが、その形成過程は前記の総括を踏まえれば次の二期に

分けられる。

第一期は、明治一〇年代末までの進学教育の形成期である。明治三年一一月に山口藩がその藩校山口・萩明倫館を山口・萩中学と改称して以降、中学は小学と大学とを結ぶ進学階梯として認識されることとなった。明治五年の「学制」頒布によって、山口・萩中学は変則中学となり、その後、教育授産の一環として、両中学の流れを汲む山口・萩上等小学の設立・経営が行われた。だが、存続期間も短く、中央の高等教育機関自体が整備されていない状況もあって、判明する限りでは慶應義塾に四名の進学者を出すにとどまった。明治一一年五月、両上等小学は山口中学校及び萩分校に改組され、さらに一三年六月には「県立五中学校制度」が成立した。この制度は明治一七年二月に五中学校が本・分校化するに伴って完成し、わずかではあったが東京大学予備門への進学者二名という成果をあげていた。

第二期は、進学教育の確立期（明治二〇年代）である。「県立五中学校制度」は十分な成果をあげる間もなく、明治一九年の「中学校令」によって大々的改変を迫られることとなり、この結果誕生したのが、山口高等中学校及び五学校であった。五学校は五中学校の初等中学科の低学年を改組して成立したものであり、山口県の子弟を帝国大学に送出するためのアーティキュレーションの要となる中等学校であった。全国的にはアーティキュレーションが機能し、まだ十分機能していない状況下、この五学校の存在によって、山口県では独自のアーティキュレーションが一定の進学成果があがっていたのである。その成果が、五学校→山口高等中学校（山口高等学校）→帝国大学と進んだ六一名であった。だが、山口県にとっては進学成果があがっていたにせよ、このような変則的教育階梯は、教育制度の一元化を推進していた文部省にとって放置しがたいことであった。そこで、文部省は中学校政策推進の一環として、山口県に対して全国的教育階梯の傘下に入ることを強く要求してきた。明治二八年四月の山口県尋常中学校の設立、そして同三〇年九月の萩・豊浦・徳山・岩国学校の消滅はその結末を物語っている。

だが、全国的制度に組み入れられて以降も、進学教育の伝統は長く継承されていった。

このように、明治初年から明治後期にかけて、大きな制度的変遷はあったが、山口県の中等教育は進学という問題に大きく左右されていたのであり、そのことが山口県の中等教育の特質であったともいえるのである。

二　山口県の進学教育の教育史的意義

では次に、近代日本教育史における山口県の進学教育の歴史的意義を三点ほどあげてみたい。

第一に、進学階梯としての役割だけを担った中等教育が存在したことを意味していることである。明治初年に中学の概念が西洋から移入されて以降、しばらくの間は多種多様な中等教育が展開したが、結局、日本の中等教育は近世以来の地方的教育伝統と西洋的学校制度との融合によって、尋常中学校という形で成立した。[4]だが、その教育理念は二重目的という曖昧なものであり、この曖昧さが後に至るまで日本の中等教育の性格に影響を与えていくことになる。ところが、そのような中にあって、山口県では、中等教育に対して高等教育機関進学のための教育という理念付与を行い、創意工夫を凝らした進学教育を行っていたのである。

第二に、進学教育の先駆的役割を果たしたということである。つまり、全国的なものとは異なるアーティキュレーションが山口県において作られ、全国的なアーティキュレーションが機能するのに先だって実際に機能し、一定の進学成果をあげていたのである。「中学校令は articulation の要となる中学校についての規定であり、尋常中学校の設立をもって日本の中学校教育が一応の成立に至ったと見ることができる[5]」との新谷恭明氏の指摘からも分かるように、近代日本におけるアーティキュレーションの成立に関して、明治一九年の「中学校令」による尋常中学校の登場は大きな意味を持っていた。だが、尋常中学校を要とした全国的なアーティキュレーションが機能し始めるまでには時間がかかり、明治二〇年代末~三〇年代初めに至って、ようやく初等、中等、高等教育が接続する段階を迎えるのであった。(6)

ところが、山口県では、全国的なアーティキュレーションの成立とほぼ同時に、帝国大学進学のみを目的とした独自のアーティキュレーションを作り、明治二六~三〇年にかけて合計六一名を帝国大学に進学させるという成果をあげていたのであった。そして、その山口県のアーティキュレーションの要となっていたのが五学校だったのであり、いかにしてアーティキュレーションを上手に機能させるかということの工夫が凝らされた学校だったのである。「効率」、即ち、帝国大学入学時の年齢の面では必ずしも当初の予定通りにはいかなかったが、全国的なアーティキュレーションが成立し、まだ十分に機能していない段階で、全く別系統のアーティキュレーションが存在して進学成果をあげていたことは、近代日本教育史の特質ともいうべきものである。この当時の東京には、高等中学校(高等学校)を始めとした官立の高等諸学校を受験するための進学予備学校が数多く存在していたが、それらはアーティキュレーションの形成期において、「副次的」に発生したものであった。したがって、それら予備学校で行われた受験教育と山口県の進学教育とは次元の異なるものである。

第三に、進学教育の先駆的役割を担っただけではなく、進学教育の必要性を全国に知らしめるという役割も果たしたのではないかと考えられることである。具体的な影響については史料的問題から検証しえないが、このように考える根拠として次の二つのことをあげることができる。

まず、序章でも触れた外山正一が、『藩閥之将来』(博文館、一八九九)において山口県の進学教育の紹介を行い、他府県に対して高等学校設立運動を起こすことを説いたということがあげられる。明治三二年という、山口県独自の進学体系が消滅した後のことではあったが、外山は「古今東西、生存競争ニハ教育資格ガ必用《ママ》デアル、今後ニ於テハ殊ニ必要デアル、此ノ事実ヲ最モ能ク認知シタルハ即チ山口人デアル、他府県人ハ山口県人ノ為ス所ニ倣ハムケレバナラヌノデアル[7]」、「各府県人民ガ皆山口県人ノ如キ熱心ヲ以テ子弟ノ教育ヲ図ルベキ時デアルト云フコトヲ我輩ハ信ズルノデアル[8]」などと述べて、山口県を見習い、高等学校の設立によって地元から帝国大学への進学者を増やす必要性があることを全国に向かって訴えたのであった。外山の主張の中心は、政府の力に頼るのではなく、山口高等学校のように自前で高等学校を設立せよという点に置かれており、山口県独自の進学体系のようなものを作ることを説いたのではなかった。だが、時期的にやや下がるにせよ、帝国大学総長や文部大臣を歴任した外山が、山口県の進学努力を他府県が見習うように説いた点は重要である（同様な趣旨の演説を全国各地でして回っていた）。同じ明治三二年には第六高等学校の設置場所をめぐって、岡山・広島・香川・愛知四県、特に岡山・広島両県の間で激しい誘致競争が行われ[9]、これ以降、高等学校や専門学校の誘致競争が全国各地で繰り広げられるようになっていく。

明治三八年三月に山口高等学校が廃校となった結果、これ以降の帝国大学在籍者に占める山口県人の割合は次第に下がっていった。このような状況に対して、帝国大学や高等学校への進学者数において自負を持っていた山口県では危機意識が広がっていった。『防長学友会雑誌』（第五〇号、一九一五、三八〜四〇頁）では、明治四二・四四両年度に四つの帝国大学（東京・京都・東北・九州帝国大学[10]）と八つの高等学校（第一〜第八高等学校）に在籍した山口県出身者数と他府県出身者数を比較分析して、「近き将来に、他県の後塵を拝する様なことのない様にするには是非とも県の教育を刷新興隆して益々人材輩出の途を講じなければならぬ（中略）外山正一博士が十数年前『藩閥之将来』を書かれて、全国の教育熱を煽り立てられた結果が顕はれたのではあるまいか、実に油断のならぬ形勢で当さに緊褌一番を要することである」と述べていることからも、外山の言動が山口県をモデルとした進学熱を全国に広めたのではないかと考えられるのである。

次に、明治二二年六月に山口高等中学校を視察した帝国大学御雇ドイツ人教師ハウスクネヒトが、山口高等中学校及び五学校からなる学校体系を称讃し、理論的に支持したということがあげられる。ハウスクネヒトは自らの視察の成果をまとめた『山口高等学校教則説明書』[11]の中で「該教則ハ山口高等中学校ヲ其予科及山口学校ト合シテ一箇ノ統一的ノ学校トナスニアリ今之ヲ称シテ山口高等学校と云フ」と述べているように、山口高等中学校と五学校の一つである山口学校を「一箇ノ統一的ノ学校」である「高等学校」を作る格好の対象として捉えていたのであった。ハウスクネヒトが作成した教則は実施されるには至らなかったが、帝国大学初の教育学担当外国人教師であった彼が、一貫した統一的学科課程を実視する対象として山口県の学校体系を評価したことの意義は大きかったといえる。[12]ハウスクネヒトの来日に尽力した品川弥二郎が河内信朝山口高等中学校長に送った書簡（明治二二年八月二四日付）には、「山口行ハ随分名高ク相成山口中学校之同人見込書ハ他日世間ニ行レ可申ト相悦ビ」[13]とあって、ハウスクネヒトの山口訪問が新聞や教育雑誌等で報道されて有名になったことが述べられており、『山口高等学校教則説明書』の刊行と相まって、山口県の学校体系に対する彼の評価についても全国的に広く知られるところとなったものと考えられるのである。

以上、本書では、近代日本において、組織的な進学教育の先駆的役割を果たしたのが山口県であったということや、その進学教育の形成過程及び実態についても判明させた。山口県の進学体系によって帝国大学に進学した人々が、その後どのような生涯を送り、また、どのように社会貢献したのかという追跡調査を行うことが、今後に残された最大の課題であるといえよう。

注

（1）新谷恭明『尋常中学校の成立』九州大学出版会、一九九七、四頁。
（2）米田俊彦『近代日本中学校制度の確立』東京大学出版会、一九九二、二頁。
（3）『豊浦学友会雑誌』第三〇号、一八九一、一三五頁。
（4）『尋常中学校の成立』。
（5）同前、三頁。
（6）入江宏「教育史における時期区分試論」（『日本の教育史学』第三四集、教育史学会、一九九一）、『近代日本中学校制度の確立』二頁。
（7）『藩閥之将来』博文館、一八九九、一〇五頁。
（8）同前、一〇六頁。
（9）天野郁夫『学歴の社会史』新潮社、一九九二、二三頁。
（10）九州帝国大学は明治四四年度のみ。
（11）山口県文書館蔵。また、全文が寺崎昌男・竹中暉雄・榑松かほる『御雇教師ハウスクネヒトの研究』（東京大学出版会、一九九一）の巻末に収録されている。
（12）『御雇教師ハウスクネヒトの研究』一一二頁。
（13）『山口高等商業学校沿革史』山口高等商業学校、一九四〇、一一一二頁。

あとがき

本書は、二〇〇四年四月に九州大学より博士（教育学）の学位を授与された「近代日本における進学教育の形成に関する研究――山口高等中学校予備門五学校をめぐって――」と題する論文に加筆修正したものである。

私は学部時代には日本近世史、特に元禄期を中心とした幕政史を専攻していたが、大学院では近代日本教育史を専攻した。それは、かねてより旧制中学校の歴史に興味を持っていたばかりでなく、現代の教育の諸問題を根本的に考察するためには、歴史的検討が不可欠と考えたからである。つまり、歴史的視点から現代の教育問題を考察することによって、より本質が見えてくるのではないかと考えたためである。

本書をまとめるにあたってのヒントは、現職の高校教師として常に疑問に感じていた問題に由来している。それは、大学への進学準備教育の問題であった。教師生活の三分の二近くを普通科進学校で送った経験から、高校は大学への進学準備教育の場でよいのかという疑問を常に抱いていたのである。進学指導は高校教育の方法の一つであって、目的ではないはずである。授業の中では、あれもこれも教えたいと欲張る気持ちから、脱線して歴史のエピソードに時間を費やすことも多かったが、大学受験のためには限られた授業時間数の中で分厚い教科書を終えなくてはならず、常に時間との闘いであった。大学受験という制約がなかったら、もっと歴史のおもしろさを生徒に伝えられたのにと残念に思うことも多かった。同様な気持ちは、他の教科・科目の先生方も少なからず感じているに違いない。

このように、現在の高等学校、特に普通科進学校の現場では、大学進学という問題が大きくのしかかっているのである。そこで、これほどまでに、高校教育、さらにはその下の中学校や小学校の教育にまで大きな影響を与えている大学進学のための教育というものは、いつ頃、どのようにして始まったのだろうかと興味が湧いてきたのである。

今から七年前のある日、明治期の帝国大学（明治三〇年以降は東京帝国大学）の学生の府県別出身者数に関する資料を見ていたら、明治二〇〜三〇年代にかけて、山口県の出身者数が非常に突出していることに気づいた。それも全国二位、三位、四位といったトップクラスの学生数なのである。これには何か理由がありそうだと考えた。

同じ頃、私は大分県及び佐賀県の尋常中学校の研究にひとまず区切りをつけ、山口県の調査を始めていたが、山口県には明治二八年四月まで尋常中学校が全く存在しないことが分かった。「中学校令」公布以降、一〇年もの間、一体なぜ尋常中学校を作らなかったのかと強い疑問を持った。それとともに、尋常中学校の代わりにどのような学校が存在したのか、それは何の目的で設立されたのかなどを調べてみようと考えた。そして、調べていくうちに、五学校が尋常中学校の代替的役割を果たしていたことや、帝国大学進学のために作られた山口県独自の学校であることが分かり、次第に五学校の研究に没頭していったのである。

このようなわけで、五学校の設立目的や教育内容、教育成果、その終焉などに関する論考を次々と発表していった。さらに、五学校が作られた背景にまで遡って、長州藩の藩校と中学との連続性、士族授産と中等教育との関連、「県立五中学校制度」などについても論考を発表していった。その結果、ある程度一貫性のある複数の論文がまとまり、一つの主題の下に、序章・終章の書き下ろしを始め、全般にわたって大幅な加筆修正作業を行って、博士学位請求論文として完成させた。

以下が五学校に関する主な研究成果である。

「山口県における尋常中学校の設立経緯」(『山口県史研究』第一〇号、山口県県史編さん室、二〇〇二)

「山口高等中学校予備門五学校の教育機能と成果」(『日本歴史』第六四六号、日本歴史学会、二〇〇二)

「藩校から明治初年の中学への連続性に関する問題——山口県を事例として——」(『山口県地方史研究』第八八号、山口県地方史学会、二〇〇二)

「明治初年の士族に対する教育授産の特質——山口・萩上等小学及び萩読書場を事例として——」(『日本教育史研究』第二二号、日本教育史研究会、二〇〇三)

「明治一〇年代における中学校の組織化——山口県の『県立五中学校制度』を事例として——」(『教育基礎学研究』第二号、九州大学教育哲学・教育社会史研究室、二〇〇五)

「山口高等中学校予備門五学校の成立」(『日本の教育史学』第四八集、教育史学会、二〇〇五)

先日、テレビのニュースを見ていたら、今年の東京大学入学者は公立高校の出身者が急増していることが報道されていた。つまり、東大入試での公立校の復権現象が見られるというのである。今、東京都の「進学指導重点校」に代表される進学教育重視の風潮が、普通科を中心とした全国の高校に広がりつつある。このような時にこそ、進学教育の問題を改めて考える必要があるのではないだろうか。

本書をまとめ、公にするまでには、実に多くの方々に御世話になった。

まず、新谷恭明先生を始め、九州大学教育社会史研究室の皆さんには、ゼミなどの場で貴重な御意見やアドバイスをいただき感謝したい。

また、修士論文及び博士論文の副査として御指導いただいた、九州大学の稲葉継雄先生にも心から感謝したい。出版を強く勧めていただいた先生の御支援がなければ、本書は世に出なかったであろう。

最近、私の研究関心は、歴史研究から教員評価制度や学校評価制度を中心とした現在の教育制度の研究へと広がってきているが、この分野では、九州大学の八尾坂修先生に大変お世話になっている。先生からは、現在の教育制度を研究するうえでの歴史的検討の重要性を改めて教えていただいた。先生の心温かい御指導や御厚情に深く感謝したい。

その他、史料閲覧などで御世話になった、山口県文書館、山口県立図書館、下関市立図書館、下関市立文書館、山口大学付属図書館、山口大学経済学部東亜経済研究所、山口県立豊浦高等学校、山口県立萩高等学校、山口県立山口高等学校、国立国会図書館、東京大学総合図書館、東京大学史史料室の関係各位にも御礼申し上げたい。九州大学出版会の方々にも大変御世話になった。特に、永山俊二、尾石理恵の両氏には感謝したい。

本書の刊行にあたっては、独立行政法人日本学術振興会平成一八年度科学研究費補助金（研究成果公開促進費）の交付を受けた。

二〇〇六年九月

永添祥多

事項索引

人名索引

著者紹介

永添祥多（ながそえ しょうた）

1958（昭和33）年　山口県下関市生まれ
九州大学大学院人間環境学研究科発達・社会システム専攻教育学コース博士後期課程修了，博士（教育学）
現在，山口県立高等学校教諭（日本史専門），九州大学非常勤講師
専門分野　近代日本教育制度史，教員評価制度及び学校評価制度を中心とした教育制度学，日韓・日中の歴史教育の比較研究
主要所属学会　教育史学会，全国地方教育史学会，日本教育史研究会，日本教育制度学会，日本教育経営学会，九州教育経営学会，山口県地方史学会
主要論文「明治中期・中学校増設問題とその背景 ── 大分県を事例として ──」（『地方教育史研究』第20号，全国地方教育史学会，1999)，「東松浦郡実科中学校の設立から廃校にいたる諸事情と地域的背景 ── 実科中学校と地域の関係を中心として ──」（『地方史研究』第51巻第5号，地方史研究協議会，2001)，「山口高等中学校予備門五学校の教育機能と成果」（『日本歴史』第646号，日本歴史学会，2002)，「明治後期～大正中期の中学校における外国人教師の役割 ── 山口県における外国人教師制度を事例として ──」（『教育学研究』第69巻第4号，日本教育学会，2002)，「明治初年の士族に対する教育授産の特質 ── 山口・萩上等小学及び萩読書場を事例として ──」（『日本教育史研究』第22号，日本教育史研究会，2003)，「山口高等中学校予備門五学校の成立」（『日本の教育史学』第48集，教育史学会，2005)，「『優秀教員』処遇制度の動向と課題」（『九州教育経営学会研究紀要』第12号，九州教育経営学会，2006）など

長州閥《ちょうしゅうばつ》の教育戦略《きょういくせんりゃく》
── 近代日本の進学教育の黎明 ──

2006年10月1日　初版発行

著　者　永　添　祥　多

発行者　谷　　隆　一　郎

発行所　（財）九州大学出版会
〒812-0053　福岡市東区箱崎7-1-146
九州大学構内
電話　092-641-0515（直通）
振替　01710-6-3677

印刷／㈲レーザーメイト・城島印刷㈱　製本／篠原製本㈱

ISBN4-87378-921-4